एक का रहस्य
मरहम लगाने वाला

वॉल्यूम। ग्यारहवीं
रेकी मास्टर मैनुअल

डॉ. कॉन्स्टेंस सैंटेगो

मैक्सिमिलियन एंटरप्राइजेजकेलोना, बीसी

एक उपचारक के रहस्य – रेकी मास्टर का मैनुअल

कॉपी एडिटर और इंटीरियर डिजाइन: कॉन्स्टेंस सैंटेगो
पुस्तक लेआउट: ©2017 BookDesignTemplates.com

आदेश की जानकारी:
मात्रा बिक्री। निगमों, संघों और अन्य लोगों द्वारा मात्रा में खरीदारी पर विशेष छूट उपलब्ध है। विवरण के लिए, नीचे दिए गए पते पर संपर्क करें।

ट्रेड पेपरबैक आईएसबीएन: 978-1-997907-26-8
ईबुक आईएसबीएन 978-1-997907-27-5
कनाडा में बनाया और प्रकाशित किया गया। संयुक्त राज्य अमेरिका में मुद्रित और बाध्य

पहला संस्करण
मैक्सिमिलियन एंटरप्राइजेज द्वारा प्रकाशित
केलोना, ईसा पूर्व कनाडा
www.constancesantego.ca

मेरे सभी रेकी प्रशिक्षकों और अन्य सभी प्रशिक्षकों और चिकित्सकों के लिए समर्पण जो इस अद्‌भुत हाथों पर उपचार तकनीक का अभ्यास करते हैं।

*"आपके हाथ
ठीक करने की शक्ति रखते हैं।*

—डॉ.कॉन्स्टेंस सैंटेगो

इसके अलावा डॉ. कॉन्स्टेंस सैंटेगो द्वारा

NOVELS
Illegitimate Grace
Ashcroft Hollow

Okanagan Trilogy:
Beneath the Vineyards
Under the Okanagan Sun
Guardian of the Lake

The Nine Spiritual Gifts Series:
Journey of a Soul – (Vol 1 Michael)
Language of a Soul – (Vol 2 Gabriel)
Prophecy of a Soul – (Vol 3 Bath Kol)
Healing of a Soul – (Vol 4 Raphael)
Miracles of a Soul – (Vol 5 Hamied)
Knowledge of a Soul – (Vol 6 Raziel)
Wisdom of a Soul – (Vol 7 Uriel)
Faith of a Soul – (Vol 8 Pistis Sophia)

NONFICTION
The Intuitive Life, The Gift Of Prophecy, Third Edition
Fairy Tales, Dreams And Reality... *Where Are You On Your Path? Second Edition*
Your Persona... The Mask You Wear
Archangel Michael's Soul Retrieval Guide
Bend, Don't Break: *Finding Your Way Back To Abundance*
Ring Therapy: *A Guide To Healing And Balance*
Ring Therapy Pocket Guide
Beyond The Mind: *Harnessing The Power Of Astral Projection For Creative Awakening*
Floraopathy™: *The Art And Science Of Vibrational Healing With Essential Oils*
Dear Older Me: A Memoir... *Of Sorts*
It's Just Like Poker: *A Spiritual Guide To Playing The Cards Life Deals You*
Signs And Meanings: *What The Feet Reveal About Health, Stress, And The Body's Story*
Auricions: *Unlocking Subconscious Healing Through Quantum Medicine*
Quick Fix Acupressure Method
Manifestation – *The DREAM Method in 5 Steps*
Confidence – *Mastering the Dream Method*
The New Paradigm: *Conscious Healing In The Age Of Ai*

Shadow & Light: A Guide to Healing the Hidden Self
The Medicine of Sound: *Healing, Frequency & Human Transformation*
Prescription For Energetic Healing

REIKI WISDOM, SERIES:
Angelic Lifestyle, a Vibrant Lifestyle
Angelic Lifestyle 42-Day Energy Cleanse
Reiki and the Power of The Joint Points: Unlocking Energy Pathways for Healing (Vol I)
Reiki and Karmic Healing: Releasing Patterns From Past Lives (Vol II)
Reiki and the Five Elements (Vol III)
Reiki and Shadow Work: *Healing the Dark Side of the Soul* (Vol IV)
Secrets of a Healer, Magic Of Reiki
The Reiki Master's Manual *(In English, German, Spanish, French, Portuguese, Russian, Hindi, and Mandarin Chinese)*
Reiki and Shadow Work: *Healing the Dark Side of the Soul*

CHAKRA SERIES:
Heart Chakra 101: The Bridge
Root Chakra 101: Building Safety, Survival, Foundation
Sacral Chakra 101: Creativity, Pleasure, Emotions
Solar Plexus Chakra 101: Power, Confidence, Will
Throat Chakra 101: Truth, Voice, Self-Expression
Third Eye Chakra 101: Intuition, Vision, Insight
Crown Chakra 101: Spiritual Connection, Transcendence.

TESLA SERIES:
Tesla And The Future Of Energy Medicine
Beyond Tesla: *Advancing The Science Of Energy Healing*
Tesla's Code: *Mastering Energy, Frequency, And Creative Power*
Tesla's Bioenergetic Blueprint: *Healing the Human Field Through Frequency, Mapping & Coherence*

SECRETS OF A HEALER, SERIES:
Magic Of Aromatherapy (Vol I)
Magic Of Reflexology (Vol II)
Magic Of The Gifts (Vol III)
Magic Of Muscle Testing (Vol IV)
Magic Of Iridology (Vol V)
Magic Of Massage (Vol VI)
Magic Of Hypnotherapy (Vol VII)
Magic Of Reiki (Vol VIII)
Magic Of Advanced Aromatherapy (Vol IX)
Magic Of Esthetics (Vol X)
The Reiki Master's Manual (Vol XI)

ADULT COLORING JOURNALS
SERIES-ZEN COLORING:
Quantum Energy and Mindful Living Journal (Vol 1)
Reiki Energy Journal (Vol 2)
Nine Spiritual Gifts Journal (Vol 3)
I Forgive Journal (Vol 4)

FOR CHILDREN
I am Big Tonight. I Don't Need the Light
The Magic Elf Book: 25 Days of Surprises

COOKBOOK
My Favorite Recipes, with a Hint of Giggle

BUISNESS
How To Use ChatGPT For Authors: From Idea To Published Book
Scaling Beyond 6 Figures: Strategies For Health & Wellness Professionals
The Academypreneur's Playbook: Turn Knowledge Into A Revenue-Generating School

HUMOR/GIFT BOOK
How Do You Like Your Eggs? *Crack Into Your Personality, Yolk and All*

सामग्री

प्रस्तावना

रेकी का चमत्कार

1999 में, रेकी मेरे नए स्कूल में पढ़ाए जाने वाले पहले तौर-तरीकों में से एक था। इससे पहले कि मेरे रेकी मास्टर, नेफ़र्टिटी ने लेवल I और II पाठ्यक्रमों की पेशकश की, मुझे नहीं पता था कि रेकी क्या है। उस अद्भुत सप्ताहांत पाठ्यक्रम ने मेरे जीवन को गहराई से बदल दिया।

उस समय, रेकी जैसी प्रथाओं को अक्सर "वू, वू" या होकस पोकस के रूप में खारिज कर दिया जाता था। बहुत से लोग रेकी को शैतान का काम भी मानते थे क्योंकि वे इसके लाभों को समझ या समझ नहीं सकते थे। यह अजीब है कि समाज कितनी जल्दी किसी चीज़ को बुराई के रूप में लेबल करता है जब वह अपरिचित होता है। उदाहरण के लिए, मारिजुआना को एक बार बुरा माना जाता था, लेकिन अब यह अपने औषधीय गुणों के लिए पहचाना जाता है, विशेष रूप से कैंसर रोगियों में दर्द से राहत के लिए।

मैं अविश्वसनीय रूप से खुश और आभारी हूं कि समाज ने अपने रेकी परिप्रेक्ष्य को बदल दिया। यह देखना अद्भुत है कि इसके सकारात्मक प्रभाव के लिए इसे स्वीकार किया जा रहा है और इसकी सराहना की जा रही है, खासकर अब जब इसे कैंसर क्लीनिकों में पेश किया जा रहा है।

पाठक के लिए नोट

रेकी का उद्देश्य पारंपरिक चिकित्सा तकनीकों को बदलना नहीं है। शारीरिक, मानसिक, भावनात्मक और आध्यात्मिक समस्याओं वाले व्यक्तियों को एक पेशेवर मनोवैज्ञानिक या डॉक्टर की सेवा लेनी चाहिए।

आपका डॉक्टर अभी भी आपकी स्वास्थ्य देखभाल में महत्वपूर्ण भूमिका निभाता है। उदाहरण के लिए, यदि आप मेरा पैर तोड़ते हैं, आपको एक डॉक्टर की आवश्यकता होगी, सभी नर्सों, और अस्पताल में कर्मचारी.

एकीकृत चिकित्सा हमारे स्वास्थ्य की देखभाल में "हमारे" **महत्वपूर्ण भूमिका पर केंद्रित** है । हम अपने शरीर में क्या डालते हैं, हम अपने शरीर में कितनी मेहनत करते हैं, तनाव का स्तर हम अपने रोजमर्रा के जीवन में अनुमति देते हैं, और सकारात्मक या नकारात्मक ऊर्जा जो हम अपने चारों ओर आकर्षित करते हैं, वे सभी हमारी भलाई में भूमिका निभाते हैं /

रेकी विश्राम, तनाव से राहत, मन को साफ करने, आत्म-जागरूकता में सुधार, आत्म-सशक्तिकरण और संभवतः एक चमत्कार के लिए एक उत्कृष्ट तकनीक है। हालाँकि, आप हमेशा अपने स्वास्थ्य के नियंत्रण में रहते हैं, और रेकी आपको अकेले ठीक नहीं कर सकती है। केवल आप ही ऐसा कर सकते हैं।

एक कानूनी *(आपके रेकी मास्टर द्वारा हस्ताक्षरित)* रेकी स्तर 2 प्रमाण पत्र की आवश्यकता होती है यदि आप दूसरों के साथ "इलाज" करने के लिए "चार्ज $" करते हैं, और यदि आप "$ चार्ज करें" और दूसरों को "सिखाने" के लिए हैं तो रेकी स्तर 3 प्रमाण पत्र की आवश्यकता होती है!

सीखने का परिणाम

यह पुस्तक एक व्यापक रेकी मास्टर मैनुअल है, जो प्रत्येक रेकी स्तर के लिए विस्तृत जानकारी प्रदान करती है: I, II और III। यह रेकी प्रशिक्षण और अभ्यास के आवश्यक घटकों के माध्यम से नए और अनुभवी चिकित्सकों दोनों का मार्गदर्शन करने के लिए डिज़ाइन किया गया है। इस मैनुअल के अंत तक, पाठकों को निम्नलिखित की पूरी समझ होगी:

- **स्तर 1- शोडेन/अपरेंटिस**:
  - रेकी, इसके इतिहास और सिद्धांतों का परिचय।
  - स्व-उपचार और दूसरों को ठीक करने के लिए बुनियादी हाथ की स्थिति।
  - चक्रों को साफ़ करने और संतुलित करने की तकनीक।
- **स्तर 2 - ओकुडेन/प्रैक्टिशनर**:
  - मानसिक और भावनात्मक उपचार सहित उन्नत उपचार तकनीकें।
  - रेकी प्रतीकों का परिचय और उपयोग जैसे चो कू रेई, सेई हे की, और होन शा ज़े शो नेन जैसे
  - दूर के उपचार और समय और स्थान के पार रेकी भेजने के तरीके।
- **स्तर 3 - शिनपिडेन/मास्टर**:
  - मास्टर स्तर की शिक्षाएं, जिसमें दाई को म्यो प्रतीक का उपयोग भी शामिल है।
  - ट्यूनमेंट करने और दूसरों को रेकी सिखाने के निर्देश।

    - आध्यात्मिक विकास और उच्च चेतना से जुड़ाव के लिए उन्नत अभ्यास।
- **प्रतीक**:
    - प्रत्येक स्तर में उपयोग किए जाने वाले सभी रेकी प्रतीकों की विस्तृत व्याख्या और अनुप्रयोग।
    - उपचार सत्रों के दौरान प्रतीकों को आकर्षित करने और लागू करने के तरीके के बारे में चरण-दर-चरण मार्गदर्शिकाएँ।
- **व्यावहारिक उपचार तकनीक**:
    - रेकी सत्रों पर हाथ करने के लिए व्यावहारिक तकनीकें।
    - स्पर्श के माध्यम से चक्रों के सामंजस्य और संतुलन के लिए दिशानिर्देश।
    - उपचार के दौरान खुद को और दूसरों को जमीन पर उतारने और उनकी सुरक्षा करने के तरीके।

इस मैनुअल का उद्देश्य रेकी चिकित्सकों के लिए एक संपूर्ण संसाधन होना है, जो एक आत्मविश्वासी और कुशल रेकी मास्टर बनने के लिए सभी आवश्यक उपकरण और ज्ञान प्रदान करता है। चाहे आप स्तर 1 के साथ अपनी यात्रा शुरू कर रहे हों या स्तर 3 तक आगे बढ़ रहे हों, यह पुस्तक रेकी के अभ्यास में आपकी वृद्धि और विकास का समर्थन करेगी।

रेकी स्तर आईटीईई अपरेंटिस

स्तर 1: शोडेन

शोडेन, जिसका अर्थ है "पहला शिक्षण" या "संचरण की शुरुआत", रेकी प्रशिक्षण का परिचयात्मक स्तर है। यह रेकी की मूल बातें पर ध्यान केंद्रित करता है, जिसमें इसका इतिहास, सिद्धांत और मौलिक तकनीकें शामिल हैं।

रेकी स्तर 1 पाठ योजना

3 घंटे की लाइव क्लास

कक्षा का पहला भाग
इन पृष्ठों को देखें:

- डॉ. उसुई
- रेकी के तीन स्तर
  - भौतिक
  - मानसिक/भावनात्मक
  - धार्मिक
- रेकी क्या है
- उत्पत्ति: डॉ. उसुई ने ज्ञान कैसे सीखा
- चार चमत्कार
- सिर्फ आज के लिए
- वंश (मेरा और तुम्हारा)

- ऊर्जा कैसे काम करती है (एक मरहम लगाने वाले के रहस्य में है - रेकी का जादू)
- चक्र (एक मरहम लगाने वाले के रहस्य में - रेकी का जादू)
- 15 मिनट के लिए ब्रेक

कक्षा का 2 भाग

- *सुनें और सदस्यता* लें https://youtu.be/dPmM6Zuua5Q

या *"अपरेंटिस" ध्यान* पढ़ें

- प्रत्येक छात्र पर स्तर 1 प्रतीक बनाएं
- ध्यान समाप्त करें (यह वह जगह है जहां वे "उनके" रेकी मास्टर से मिलते हैं)

- क्या प्रत्येक छात्र ने इस बारे में बात की है कि उन्होंने क्या अनुभव किया है

कक्षा का 3 भाग

- प्रत्येक हाथ की स्थिति का अभ्यास करें।

डॉ. उसुई

रेकी की उत्पत्ति तिब्बत में हुई थी और उन्नीसवीं शताब्दी में एक जापानी भिक्षु, डॉ. मिकाओ उसुई द्वारा खोजा गया था, जो एक धनी बौद्ध परिवार (15 अगस्त 1865 - 9 मार्च 1926) में पैदा हुए थे।

डॉ. उसुई का परिवार अपने बेटे को उस समय के लिए एक अच्छी तरह से शिक्षा देने में सक्षम था। एक बच्चे के रूप में, डॉ. उसुई ने एक बौद्ध मठ में अध्ययन किया जहां उन्हें मार्शल आर्ट, तलवारबाजी और ची कुंग का जापानी रूप सिखाया गया, जिसे किको (चीगोंग) के नाम से जाना जाता है।

जापानी की अपनी समझ को जोड़ते हुए, डॉ. उसुई ने संस्कृत और चीनी के साथ-साथ अन्य भाषाओं को भी सीखा, ताकि वह प्रत्येक पांडुलिपि का स्वयं अध्ययन कर सकें, और अनुवाद में कुछ भी 'खोया' या 'गलत व्याख्या' न हो।

1800 के दशक के मध्य में, डॉ. मिकाओ उसुई ने प्राचीन संस्कृत लेखन और यीशु की उपचार तकनीक का अध्ययन किया। डॉ. उसुई उपचार के रहस्यों को उजागर करने में मंत्रमुग्ध हो गए। इसलिए, वह यह पता लगाने के लिए एक खोज पर चला गया कि बुद्ध और यीशु ने अपने हाथों से कैसे चंगा किया था।

उन्होंने संस्कृत सूत्रों में पाया कि शारीरिक उपचार के लिए क्या आवश्यक होगा। उन्होंने प्रतीकों, सूत्रों और बौद्धिक लेखन की खोज की लेकिन विधि या तकनीक नहीं मिली।

उन्होंने ज़ेन बौद्ध मठ के मठाधीश से क्या करना है, इस बारे में सलाह मांगी जहां वह रह रहे थे। उन्होंने फैसला किया कि उसे क्योटो के बाहर कुरियामा जिले में डरे हुए माउंट कुरामा पर जाना चाहिए, जो होक्काइडो के मध्य क्षेत्र में स्थित है। कुरियामा नाम का *जापानी में अर्थ है 'चेस्टनट माउंटेन'।*

रेकी के तीन स्तर

- **प्रथम डिग्री/स्तर 1 – शोडेन/अपरेंटिस**
    - शारीरिक स्व-उपचार,
- **2nd डिग्री/लेवल 2- ओकुडेन/प्रैक्टिशनर**
    - दूसरों को ठीक करना,
    - शारीरिक, मानसिक और भावनात्मक उपचार,
- **तीसरी डिग्री/स्तर 3 – शिनपिडेन/मास्टर/शिक्षक**
    - दूसरों को पढ़ाना।
    - आध्यात्मिक उपचार।

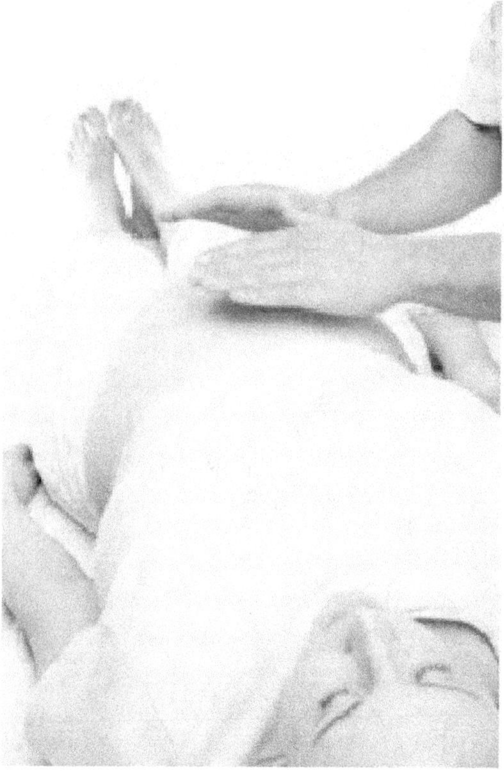

प्रथम-डिग्री रेकी, स्तर I - शोडेन/अपरेंटिस

शरीर - आत्म-उपचार के बारे में सब कुछ!

आप क्या सीखते हैं?

- 1 डिग्री रेकी एट्यूनमेंट (आत्मा में अपने रेकी मास्टर से मिलें),
- रेकी एनर्जी,
- चक्र,
- शारीरिक उपचार,
- सात प्रमुख चक्रों और 16 छोटे चक्र हाथ की स्थिति का उपयोग करके स्व-उपचार।

दूसरी डिग्री रेकी, स्तर II - ओकुडेन /

शरीर और मन - किसी अन्य व्यक्ति को ठीक करने के बारे में सब कुछ!

आप नया क्या सीखते हैं?

- 2 डिग्री रेकी एट्यूनमेंट,
- स्तर 1 (7 प्रमुख चक्र और 16 छोटे चक्र) की हाथ की स्थिति का उपयोग करना और शरीर पर 361 त्सुबो बिंदुओं के साथ इसे जोड़ना,
- चक्र क्रिस्टल हीलिंग,
- चक्र पेंडुलम हीलिंग,
- मानसिक और भावनात्मक उपचार,
- दूरी उपचार।

थिर-डिग्री रेकी, स्तर ||| - शिनपिडेन/मास्टर

शरीर, मन और आत्मा - किसी अन्य व्यक्ति को सिखाने के बारे में सब कुछ!

आप नया क्या सीखते हैं?

- 3 डिग्री रेकी एट्यूनमेंट,
- आपने लेवल 1 में फिजिकल हीलिंग, लेवल 2 में मेंटल और इमोशनल हीलिंग सीखी और अब, लेवल 3 में आप Spiritual Healing सीखेंगे,
- प्लस!! दूसरों को रेकी कैसे सिखाएं। तुम टीचर बन जाते हो।

रेकी की डिग्री आपके द्वारा उपयोग की जाने वाली ऊर्जा की मात्रा के बराबर नहीं है। डिग्री केवल उस ज्ञान को संदर्भित करती है जो आप प्रत्येक स्तर के भीतर सीखते हैं।

रेकी क्या है?

रेकी एक व्यावहारिक उपचार ऊर्जा तकनीक है जिसका उपयोग शरीर के चक्रों और टब्बस (मेरिडियन पॉइंट्स) पर किया जाता है।

रेकी = जीवन-शक्ति ऊर्जा

रेकी मानव जाति के लिए ज्ञात सबसे प्राचीन उपचार विधियों में से एक है। इसका उपयोग शारीरिक, भावनात्मक, मानसिक और आध्यात्मिक असहजता के इलाज के लिए एक वैकल्पिक चिकित्सा के रूप में किया जाता है।

रेकी 'सार्वभौमिक जीवन-शक्ति ऊर्जा' के लिए जापानी शब्द है। 'रेई' की परिभाषा एक सार्वभौमिक, रहस्यमय शक्ति, पारलौकिक आत्मा है। 'की' को महत्वपूर्ण जीवन-शक्ति ऊर्जा के रूप में वर्णित किया गया है। साथ में, उनका मतलब 'स्पिरिट एनर्जी' या 'पावर एनर्जी' हो सकता है। हालांकि, सार 'सार्वभौमिक जीवन-शक्ति ऊर्जा - सर्व-समावेशक' का अधिक है।

रेकी की परंपरा को संस्कृत में 3500 साल पुराने लेखन में संदर्भित किया गया है, जहां लेखन का उपयोग हिंदू आकाशीय देवताओं द्वारा संचार और संवाद के साधन के रूप में किया जाता था और इसे देव-वाणी ('देव' देवता - 'वाणी' भाषा) कहा जाता था क्योंकि यह माना जाता था कि यह भगवान ब्रह्मा द्वारा उत्पन्न किया गया था, जिन्होंने इसे आकाशीय पिंडों में रहने वाले ऋषियों (ऋषियों) को दिया था। जिन्होंने तब अपने सांसारिक शिष्यों को भी यही बताया जहां से यह पृथ्वी पर फैल गया। आज, इसका उपयोग इंडो-आर्यन (हिंदू धर्म की प्राचीन भाषा) द्वारा किया जाता है, और इसका उपयोग जैन धर्म, बौद्ध धर्म और सिख धर्म में भी व्यापक रूप से किया जाता है।

रेकी कोई धर्म या विश्वास प्रणाली नहीं है - इसका कोई सिद्धांत नहीं है। यह एक उपचार पद्धति है जो ईश्वर की जीवन-शक्ति, उपचार ऊर्जा और आपके शरीर की चक्र प्रणाली की शक्ति को जोड़ती है।

उत्पत्ति – डॉ. उसुई ने ज्ञान कैसे सीखा

21 दिनों तक, वह उपवास और ध्यान करता था ताकि यह देखा जा सके कि क्या वह उस जानकारी के उपयोग के बारे में जानकारी प्राप्त कर सकता है जो उसे मिली थी। डॉ. उसुई ने पहाड़ पर एक गुफा में अपने समय का ट्रैक रखने के लिए 21 पत्थर एकत्र किए। हर दिन, वह एक पत्थर फेंकता था और फिर ध्यान करता था और उपवास करता था।

21वें दिन की सुबह, उसे अभी भी वह ज्ञान नहीं मिला था जो उसने मांगा था। जब उसने उस सुबह प्रार्थना की कि भोर से पहले, उसे प्रकाश दिखाया जाएगा और शास्त्रों में मिली 'चंगाई की कुंजी' का उपयोग कैसे किया जाए, तो उसने अपना आखिरी पत्थर फेंक दिया।

उस शाम अपनी खोज को पूरा न करने के लिए निराश, वह जाने के लिए खड़ा हुआ, और जैसे ही उसने ऐसा किया, क्षितिज पर प्रकाश की एक छोटी सी किरण उसकी ओर बढ़ने लगी। जैसे-जैसे यह करीब आता गया, यह बड़ा और बड़ा होता गया, जिससे वह लगभग मौत के घाट उतार देता गया। उसने इस खोज में वर्षों बिताए थे और अब भागने वाला नहीं था। अंत में, जैसे ही उसने खुद को संभाला, प्रकाश ने उसके माथे के बीच में मारा और उसे बाहर खटखटाया।

अपने स्वप्न अवस्था में, उन्होंने रंगों के इंद्रधनुष का अनुभव किया, और संस्कृत प्रतीक, उनके उपयोग और अर्थ आकाश में खींचे गए। अपने प्रारंभिक तालमेल में, डॉ. उसुई को उपचार की सभी चाबियां मिलीं। उन्होंने उन्हें कभी नहीं भूलने या उन्हें खोने की अनुमति नहीं देने की कसम खाई।

चार चमत्कार

डॉ. उसुई अपने अनुभव और नए ज्ञान के बारे में उत्साहित थे और जल्दी से पहाड़ से नीचे क्योटो और मठ में वापस चले गए। उनकी वापसी की यात्रा पर, 'रेकी के चार चमत्कार' हुए।

चमत्कार नंबर एक, अपनी जल्दबाजी में, वह फिसल गया और अपने पैर के अंगूठे को ठूंठ मार दिया। वह सहज रूप से नीचे झुक गया, अपने दर्द वाले पैर के अंगूठे को अपने हाथों के बीच पकड़ लिया, और जल्द ही महसूस किया कि दर्द और रक्तस्राव बंद हो गया था। उसने अपने हाथों से बहुत अधिक गर्मी पैदा करने वाला भी देखा।

चमत्कार नंबर दो तब हुआ जब उन्होंने यात्रियों की सेवा करने वाले घर में पूरा भोजन का ऑर्डर देकर अपना इक्कीस दिन का उपवास तोड़ दिया। उन्होंने पूरा खाना खा लिया और उन्हें कोई अपच या परेशानी नहीं हुई।

चमत्कार नंबर तीन, उसकी सेवा करने वाली युवा लड़की, एक फोड़े वाले दांत से पीड़ित थी। फिर से, डॉ. उसुई ने सूजन पर हाथ रखा और कुछ ही क्षणों में दर्द और सूजन गायब हो गई।

चमत्कार नंबर चार मठ में वापस हुआ। एबॉट को गठिया के दौरे से बहुत दर्द हो रहा था। डॉ. उसुई ने एबॉट के साथ अपने अनुभव साझा करते हुए दर्द के क्षेत्र पर अपना हाथ रखा; बहुत जल्दी, दर्द गायब हो गया।

एबॉट के साथ बहुत ध्यान और परामर्श के बाद, डॉ. उसुई ने अपने नए उपचार ज्ञान का उपयोग करने का फैसला किया, जिसे उन्होंने रेकी कहा, गरीबों, रोगग्रस्त और अपंगों पर। इसलिए कई वर्षों तक, उन्होंने इन लोगों के साथ काम किया, उपचार दिया।

लेकिन वर्षों बाद, एक दिन, उसने देखा कि जिन लोगों को उसने चंगा किया था, उनमें से कई भिखारी के रूप में अपने जीवन में लौट आए थे। जब उन्होंने पूछा कि क्यों, तो उन्होंने जवाब दिया कि यह बहुत आसान था, बिना किसी जिम्मेदारी के।

इससे निराश होकर और ऐसा महसूस करते हुए कि वह असफल हो गया है, डॉ. उसुई ने महसूस किया कि भले ही वह ठीक हो गया हो, लेकिन उसने कोई जिम्मेदारी नहीं सिखाई। इसलिए, उस दिन से एक समान ऊर्जा विनिमय, मौद्रिक या अन्य, की आवश्यकता थी।

1922 में, डॉ. उसुई *(उसुई सेंसेई-शिक्षक या प्रशिक्षक) ने* टोक्यो में अपना पहला रेकी क्लिनिक और स्कूल स्थापित किया और रेकी को पढ़ाया। उन्होंने लगभग सोलह रेकी मास्टर्स को प्रशिक्षित किया। अपनी मृत्यु से पहले, उन्होंने डॉ. चुजिरो हयाशी को रेकी की परंपरा को संरक्षित करने और आगे बढ़ाने की जिम्मेदारी दी।

यह डॉ. हयाशी ही थे जिन्होंने रेकी के तीन स्तरों को विकसित किया था।

जैसा कि द्वितीय विश्व युद्ध आ रहा था, डॉ. हयाशी को रेकी के जीवित रहने का डर था, यह जानते हुए कि युद्ध में कई लोग मारे जाएंगे। इसलिए डॉ. हयाशी ने हवाई में रहने वाली एक जापानी महिला, श्रीमती हवायो ताकाता को प्रशिक्षित करने का फैसला किया।

श्रीमती टकाटा ने संयुक्त राज्य अमेरिका और कनाडा में रेकी प्रशिक्षण लाया और वह थीं जिन्होंने प्रशिक्षण के प्रत्येक स्तर के लिए शुल्क लेने का फैसला किया।

सिर्फ आज के लिए

डॉ. उसुई ने 'रेकी के पांच सिद्धांत' बनाए।

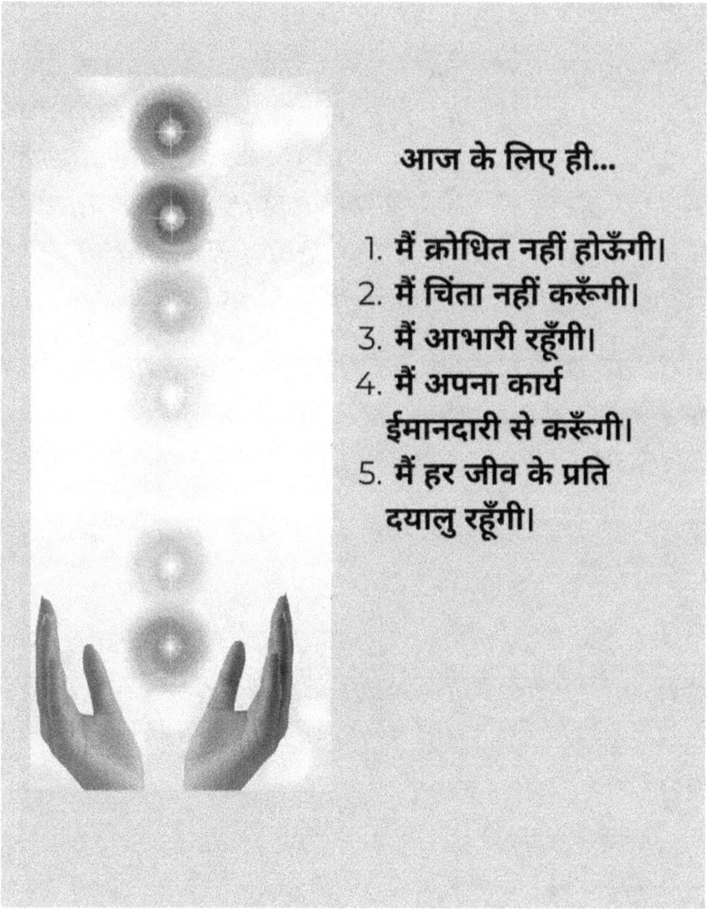

डॉ. कॉन्स्टेंस की वंशावली

मुझे सितंबर 1999 में एक अमेरिकी महिला द्वारा रेकी लेवल 1 और 2 में दीक्षा दी गई थी, जो खुद को नेफ़र्टिटी कहती थी।

मैंने 2000 में मागरिट से अपना रेकी मास्टर प्राप्त किया।

<u>वंशानुक्रम</u>

2023 में, मैंने प्राकृतिक चिकित्सा में डॉक्टरेट और पीएचडी प्राप्त की। 2017 में, मेरा नाम बदलकर कॉन्स्टेंस सैंटेगो कर दिया गया। वर्ष 2010 में, मैं, कोनी ब्रुमेट, स्पिरिट द्वारा ग्रैंड रेकी मास्टरी के लिए अभ्यस्त था, और 2000 में, मुझे मागरिट रिपल द्वारा रेकी मास्टरी से जोड़ा गया था, जिसे 1998 में वेंडी कोएनिग द्वारा ट्यून किया गया था, जिसे 1997 में लॉरी ग्रांट द्वारा ट्यून किया गया था।

1989 में, लॉरी ग्रांट को जेम्स डेविस द्वारा ट्यून किया गया था, जिसे डॉ. आर्थर रॉबर्टसन ने ट्यून किया था। डॉ. रॉबर्टसन को 1970 के दशक में मास्टर शिक्षक वर्जीनिया द्वारा रेकी प्रणाली में शुरू किया गया था।

समदहल हवायो तकाता द्वारा शुरू किया गया पहला ऑक्सिडेंटल रेकी मास्टर था।

1970 के दशक के अंत और 1980 के दशक की शुरुआत में, डॉ. रॉबर्टसन ने रेकी मास्टर टीचर आइरिस इशिकुरो के साथ अध्ययन किया और साझा किया, जिन्हें श्रीमती ताकाता द्वारा सिस्टम में भी दीक्षित किया गया था।

1938, श्रीमती टकाटा ने श्री चुजिरो हयाशी से अपने मास्टर का ट्यूनमेंट प्राप्त किया। श्री हयाशी ने 1925 में डॉ. उसुई से अपनी रेकी मास्टरशिप प्राप्त की। डॉ. उसुई ने 1922 में आत्मा से अपना आकर्षण प्राप्त किया।

ऊर्जा कैसे काम करती है

रेकी ऊर्जा महत्वपूर्ण या ऑरिक क्षेत्र (आभा) के प्रभावित हिस्सों से प्रवाहित होकर और क्षेत्र को संतुलित करके व्यक्ति को ठीक करती है। प्रत्येक व्यक्ति के पास एक क्षेत्र होता है जो उनके भौतिक शरीर को घेरता है। रेकी सत्र के दौरान, ब्रह्मांडीय ऊर्जा व्यक्ति की कंपन दर और उनके महत्वपूर्ण क्षेत्र (आभा) की आवृत्ति को संतुलित करती है।

कल्पना कीजिए, यदि आप चाहें, कि महत्वपूर्ण क्षेत्र (आभा) पानी के तालाब की तरह है। रसायन, मिट्टी या वस्तुओं जैसे विषाक्त पदार्थों को जोड़कर पानी को प्रदूषित किया जा सकता है। पानी बासी भी हो सकता है अगर इसे ताजा ऑक्सीजन नहीं दी जाती है या कोई हलचल होती है। कुछ समय बाद, हरा या नीला शैवाल बढ़ सकता है, और पानी बासी हो जाता है, जिससे प्रवेश करने वाली कोई भी चीज मर जाती है।

पानी एक ज्ञात चालक है; पानी जितना साफ होगा, उसकी प्रवाहकीय क्षमता उतनी ही बेहतर होगी। इसलिए भले ही आपका महत्वपूर्ण क्षेत्र (आभा) पानी की तरह तरल नहीं है और अधिकांश लोगों की नग्न आंखों के लिए अदृश्य है, यह आपके शरीर, मन और आत्मा के स्वास्थ्य के पूल की स्पष्टता को विकीर्ण करता है।

रेकी सत्र के दौरान, ब्रह्मांड से नीचे आने वाली जीवन-शक्ति ऊर्जा का इरादा व्यक्ति के मुकुट, भौंह, गले और हृदय चक्रों के माध्यम से प्रसारित किया जाता है, फिर उनके हाथों के माध्यम से चक्र और त्सुबो क्षेत्र (ओं) को प्रसारित किया जाता है जिसे संतुलन की आवश्यकता होती है।

जब कोई व्यक्ति 2 और 3 डिग्री रेकी के प्रति अभ्यस्त होता है, तो यह ऊर्जा व्यक्ति और उनके भौतिक शरीर के भावनात्मक, मानसिक और आध्यात्मिक शरीर को ठीक और संतुलित करती है।

अतिरिक्त संदर्भ और लाभ:

रेकी न केवल ऊर्जा उपचार का एक तरीका है, बल्कि विश्राम को बढ़ावा देने और तनाव को कम करने का एक तरीका भी है। चिकित्सकों का मानना है कि शरीर में सकारात्मक ऊर्जा को प्रसारित करके, रेकी शरीर की प्राकृतिक उपचार प्रक्रियाओं को बढ़ाने में मदद करती है। यह अभ्यास दुष्प्रभावों को दूर करने और वसूली को बढ़ावा देने के लिए अन्य चिकित्सा या चिकित्सीय तकनीकों का भी पूरक हो सकता है।

एक सत्र के दौरान, अभ्यासी विभिन्न हाथ की स्थिति का उपयोग कर सकता है और या तो शरीर को हल्के से छू सकता है या अपने हाथों को उसके ठीक ऊपर घुमा सकता है। सत्र आमतौर पर 30 से 60 मिनट तक चलते हैं, जो व्यक्ति की जरूरतों और चिकित्सक के दृष्टिकोण पर निर्भर करता है।

रेकी प्राप्त करने वाले कई लोग गहरी विश्राम, गर्मी और कल्याण की भावना का अनुभव करते हैं। जबकि रेकी पर वैज्ञानिक अनुसंधान अभी भी विकसित हो रहा है, कई चिकित्सक और प्राप्तकर्ता व्यक्तिगत अनुभवों और ऐतिहासिक उपयोग के आधार पर इसकी प्रभावशीलता में विश्वास करते हैं।

रेकी उन लोगों के लिए भी सुलभ है जो इसे सीखना चाहते हैं। उचित समायोजन और प्रशिक्षण के साथ, व्यक्ति स्व-रेकी का अभ्यास कर सकते हैं या दूसरों को उपचार प्रदान कर सकते हैं, समुदाय और साझा कल्याण की भावना को बढ़ावा दे सकते हैं।

इस विषय पर मेरी पुस्तक में और अधिक पढ़ाया गया है, " एक ***मरहम लगाने वाले का रहस्य - रेकी का जादू (खंड X)***

ट्रेड पेपरबैक आईएसबीएन: 978-1-7772220-0-0
ईबुक आईएसबीएन 978-1-7772220-1-7

चक्रों को समझना: मूल बातें

चक्र क्या हैं?

चक्र मानव शरीर के भीतर ऊर्जा केंद्र हैं जिनके बारे में माना जाता है कि वे विभिन्न शारीरिक, भावनात्मक और आध्यात्मिक कार्यों को विनियमित करते हैं। शब्द "चक्र" संस्कृत शब्द "पहिया" या "डिस्क" से आया है, जो दर्शाता है कि ये ऊर्जा केंद्र रीढ़ की हड्डी के साथ स्थित ऊर्जा के घूमते पहियों की तरह हैं।

कितने चक्र हैं?

जबकि कुछ परंपराओं में विभिन्न संख्याओं में चक्रों का उल्लेख है, सबसे अधिक संदर्भित प्रणाली सात प्राथमिक चक्रों की पहचान करती है, जिनमें से प्रत्येक रीढ़ की हड्डी के साथ एक विशिष्ट बिंदु पर स्थित है, आधार से सिर के मुकुट तक। ये सात चक्र हैं:

मूल चक्र (मूलाधार)

स्थान: रीढ़ की हड्डी का आधार

रंग: लाल

तत्व: पृथ्वी

के साथ संबंधित: बुनियादी उत्तरजीविता आवश्यकताएं, ग्राउंडिंग, स्थिरता और सुरक्षा।

असंतुलन का कारण हो सकता है: पैरों, पैरों और पीठ के निचले हिस्से में चिंता, भय और शारीरिक समस्याएं।

त्रिक चक्र (स्वाधिष्ठान)

स्थान: पेट के निचले हिस्से, नाभि से लगभग दो इंच नीचे

रंग: नारंगी

तत्व: जल

के साथ संबंधित: भावनाएं, रचनात्मकता, कामुकता और आनंद।

असंतुलन का कारण हो सकता है: भावनात्मक अस्थिरता, यौन शिथिलता, और प्रजनन अंगों और गुर्दे के साथ समस्याएं।

सौर जाल चक्र (मणिपुर)

स्थान: पेट का ऊपरी भाग, पेट क्षेत्र के आसपास

रंग: पीला

तत्व: आग

के साथ संबंधित: व्यक्तिगत शक्ति, आत्म-सम्मान और आत्मविश्वास।

असंतुलन का कारण हो सकता है: पाचन संबंधी समस्याएं, कम आत्मसम्मान और आत्म-नियंत्रण की कमी।

हृदय चक्र (अनाहत)

स्थान: छाती का केंद्र, हृदय के ठीक ऊपर

रंग: हरा

तत्व: वायु

के साथ संबंधित: प्यार, करुणा और रिश्ते।

असंतुलन का कारण हो सकता है: हृदय और फेफड़ों की समस्याएं, भावनात्मक संकट और रिश्तों में कठिनाइयाँ।

गला चक्र (विशुद्ध)

स्थान: गला

रंग: नीला

तत्व: ईथर (अंतरिक्ष)

के साथ संबंधित: संचार, आत्म-अभिव्यक्ति और सत्य।

असंतुलन का कारण हो सकता है: गले और गर्दन की समस्याएं, संचार संबंधी समस्याएं और खुद को व्यक्त करने में कठिनाई।

तीसरी आंख का चक्र (अजना)

स्थान: माथा, भौंहों के बीच

रंग: इंडिगो

तत्व: प्रकाश

के साथ संबंधित: अंतर्ज्ञान, अंतर्दृष्टि और मानसिक क्षमताएं।

असंतुलन का कारण हो सकता है: सिरदर्द, दृष्टि समस्याएं और ध्यान केंद्रित करने में कठिनाई।

क्राउन चक्र (सहस्रार)

स्थान: सिर के ऊपर

रंग: बैंगनी या सफेद

तत्व: विचार

के साथ संबंधित: आध्यात्मिक संबंध, आत्मज्ञान और उच्च चेतना।

असंतुलन का कारण हो सकता है: आध्यात्मिक वियोग, भ्रम और न्यूरोलॉजिकल समस्याएं।

चक्र कैसे काम करते हैं?

माना जाता है कि चक्र पूरे शरीर में ऊर्जा प्राप्त करते हैं, संसाधित करते हैं और संचारित करते हैं। जब वे खुले और संतुलित होते हैं, तो ऊर्जा स्वतंत्र रूप से बहती है, शारीरिक, भावनात्मक और आध्यात्मिक कल्याण को बढ़ावा देती है। हालांकि, अगर कोई चक्र अवरुद्ध या असंतुलित हो जाता है, तो यह विभिन्न शारीरिक और भावनात्मक मुद्दों को जन्म दे सकता है।

चक्रों को संतुलित करना

चक्रों को संतुलित और संरेखित करने के कई तरीके हैं, जिनमें शामिल हैं:

- **ध्यान**: प्रत्येक चक्र पर ध्यान केंद्रित करना और उसके संबंधित रंग और स्थान की कल्पना करना ऊर्जा केंद्रों को संतुलित करने में मदद कर सकता है।
- **योग**: विशिष्ट मुद्राएं और अभ्यास विभिन्न चक्रों को लक्षित और खोल सकते हैं।
- **रेकी और ऊर्जा उपचार**: चिकित्सक ऊर्जा को चैनल करने और चक्रों में रुकावटों को दूर करने के लिए तकनीकों का उपयोग करते हैं।
- **क्रिस्टल**: कुछ क्रिस्टल प्रत्येक चक्र से जुड़े होते हैं और उपचार प्रथाओं में इस्तेमाल किए जा सकते हैं।
- **पुष्टि**: प्रत्येक चक्र के गुणों से संबंधित सकारात्मक कथन संतुलन को बढ़ावा देने में मदद कर सकते हैं।
- **अरोमाथेरेपी**: प्रत्येक चक्र के अनुरूप आवश्यक तेलों का उपयोग उपचार प्रथाओं को बढ़ाने के लिए किया जा सकता है।

चक्रों को समझना और उनके साथ काम करना समग्र स्वास्थ्य और कल्याण प्राप्त करने के लिए एक शक्तिशाली उपकरण हो सकता है। इन ऊर्जा केंद्रों पर ध्यान देना और यह सुनिश्चित करना कि वे संतुलित हैं, आपके शारीरिक स्वास्थ्य, भावनात्मक स्थिरता और आध्यात्मिक विकास को बढ़ा सकते हैं।

मेरी पुस्तक में इस विषय पर और अधिक पढ़ाया गया है, "एक ***मरहम लगाने वाले का रहस्य - रेकी का जादू (खंड X)***

ट्रेड पेपरबैक आईएसबीएन: 978-1-7772220-0-0
ईबुक आईएसबीएन 978-1-7772220-1-7

किडनी ब्रीदिंग और हुई यिन

जब आप छात्रों को आकर्षित करते हैं, तो आपके, शिक्षक और आदर्श रूप से आपके छात्रों के लिए यह आवश्यक है कि वे RAKU अग्नि ऊर्जा को रीढ़ की हड्डी के ऊपर और पीनियल ग्रंथि में निर्देशित करें। यह पूरे शरीर को फिर से सक्रिय करता है और आध्यात्मिक चेतना को बढ़ाता है। निम्न तीन चरणों का पालन करें:

एक) **किडनी ब्रीदिंग करें**: अपने हाथों की हथेली को अपनी पीठ के निचले हिस्से पर अपनी किडनी के ऊपर रखें। अपनी सांस को गुर्दे में निर्देशित करें, उन्हें फैलाएं। आपके हाथ हर साँस के साथ ऊपर उठने चाहिए और हर साँस छोड़ने के अंत में सपाट लेटने चाहिए। इस प्रकार की श्वास आपकी RAKU ऊर्जा को बढ़ाएगी यदि आप हर दिन इसका अभ्यास करते हैं।

दो) **अपने हुई यिन से संपर्क करें**: हुई यिन आपके गुदा और जननांगों के बीच एक एक्यूप्रेशर बिंदु है। सामान्य रूप से फिर से सांस लें, जबकि यह महसूस करते हुए कि आप इस बिंदु को अपने शरीर में खींच रहे हैं क्योंकि आप इसे अनुबंधित करते हैं (महिलाएं "केगेल व्यायाम" शब्द से परिचित हो सकती हैं)। यह कदम RAKU अग्नि ऊर्जा को रीढ़ की हड्डी के स्तंभ के साथ ऊपर की ओर निर्देशित करता है।

तीन) **दोनों को मिलाएं: सबसे पहले, अपनी हुई यिन को अनुबंधित करें, फिर अपनी नाक के माध्यम से एक गुर्दे की सांस लें, अपनी सांस के साथ-साथ आपकी रीढ़ की हड्डी के आधार तक जाने वाली ऊर्जा की धुंध की कल्पना करें**। धुंध का सेवन आपकी रीढ़ के आधार के चारों ओर

घूमता है और फिर इसे ऊपर ले जाता है जैसे कि यह एक खोखली ट्यूब में हो, आपके सिर में प्रवेश करता है और घूमता है। अब, फुफकारने की आवाज के साथ अपने मुंह के माध्यम से धुंध को छोड़ दें, और अपनी जीभ को अपने सामने के दांतों के पीछे रिज पर रखकर यह ध्वनि करें। जैसे ही आप अपनी जीभ छोड़ते हैं, एक "एफ" ध्वनि बनाएं क्योंकि आप अपनी सांस छोड़ते हैं और अपनी हुई यिन को छोड़ते हैं।

नोट: ट्यूनमेंट के दौरान, आपको, शिक्षक के रूप में, अपनी हुई यिन को तब तक पकड़ना चाहिए जब तक कि आप अपने अंतिम छात्र के साथ अपनी किडनी ब्रीथ जारी नहीं कर देते।

किडनी श्वास

1. शिक्षक: छात्र की हथेलियाँ खोलें
2. छात्र: हुई यिन को पकड़ें
3. शिक्षक: उपयुक्त प्रतीक बनाएँ
4. छात्र: जीभ नीचे छोड़ते हुए "F" की ध्वनि करें, फिर श्वास छोड़ते समय "ST" की ध्वनि करें और हुई यिन को ढीला छोड़ दें।

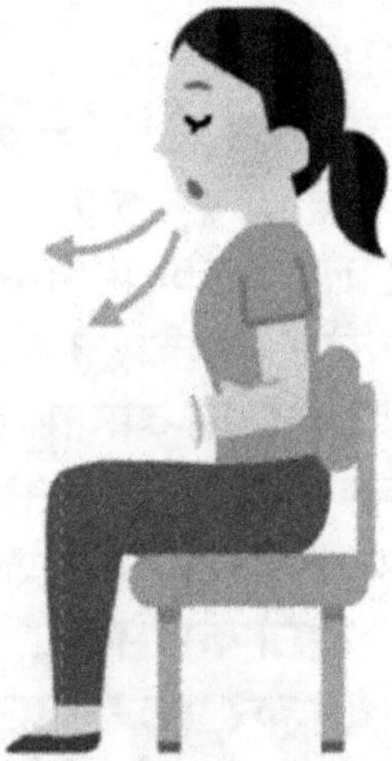

जल अनुष्ठान

पानी शुद्ध करता है, बिजली का संचालन करता है, और उन प्रतीकों की प्रभावशीलता को बढ़ाता है जिनसे कोई जुड़ा हुआ है।

पानी तैयार करें:

एक) केंद्रित हो जाओ।

दो) पानी को ट्यून करने में आपकी सहायता करने के लिए अपने रेकी मास्टर इन स्पिरिट और हायर सेल्फ को कॉल करें।

तीन) एक स्पष्ट गिलास या प्लास्टिक के कप में लगभग आधा चम्मच ताजा नींबू का रस निचोड़ें। (प्रति छात्र एक)

चार) प्रत्येक गिलास को आसुत जल से आधा भरें।

- 1 "डिग्री के लिए, प्रत्येक गिलास पर एक RAKU और CHOKUREI प्रतीक बनाएं।
- 2 "डिग्री के लिए, प्रत्येक गिलास पर एक RAKU और SEIHEKI प्रतीक बनाएं। 1" और 2" के लिए, प्रत्येक गिलास के ऊपर सभी तीन प्रतीकों को बनाएं।
- मास्टर डिग्री के लिए, प्रत्येक गिलास के ऊपर एक RAKU प्रतीक बनाएं।

पाँच) क्या छात्र अपने सौर जाल पर प्रार्थना के रूप में गिलास पकड़ते हैं, प्रत्येक तरफ हथेलियों को छूते हुए हैं।

छः) छात्रों से कहो:

अ. "अपनी हुई यिन को ऊपर खींचें और गुर्दे की सांस लें, अपनी रीढ़ की हड्डी के आधार तक जाने वाली ऊर्जा की धुंध को कल्पना करें, जानें या महसूस करें। इसका पालन करें क्योंकि यह आपकी रीढ़ के आधार के चारों ओर घूमता है, फिर रीढ़ की हड्डी को ऊपर ले जाता है जैसे कि यह एक खोखली ट्यूब में हो, आपके सिर में प्रवेश करता है और घूमता है। अपने मुंह से अपनी सांस छोड़ें, जिससे फुफकारने की आवाज निकलें।

साँस छोड़ते समय, कल्पना करें कि ऊर्जा की धुंध आपके गिलास में जा रही है और आपकी हुई यिन को छोड़ रही है। अपने ग्लास के ऊपर क्षैतिज रूप से एट्यूनिंग प्रतीक बनाएं"।

आ. छात्रों को निम्नलिखित कहने के लिए कहें:

"मैं अग्नि के दिव्य आशीर्वाद को प्राप्त करने के लिए O SUI चिंग (पानी की आत्मा) का प्रयोग करता हूं। मैं इसे सच घोषित करता हूं, इसलिए पवित्र स्थान के नाम पर, ऐसा ही हो।

इ. अब, छात्रों को अपने गिलास पर उपयुक्त एट्यूनिंग प्रतीक बनाने और पानी पीने के लिए कहें।

स्तर 1 ध्यान के लिए ध्यान

आपके पास एक विकल्प है:

एक) YouTube https://youtu.be/dPmM6Zuua5Q पर ध्यान सुनें

या

दो) कक्षा में:

अ. ध्यान का पहला भाग पढ़ें,

आ. प्रत्येक छात्र के मुकुट, हृदय चक्रों और दोनों हथेलियों पर रेकी प्रतीकों को ड्रा करें। *(हुई यिन को पकड़कर और गुर्दे की सांस लेकर),*

इ. ध्यान का दूसरा भाग पढ़ें,

ई. जल अनुष्ठान (नींबू पानी के ऊपर प्रतीक बनाएं),

उ. राकू केई प्रतिज्ञान कहें

स्तर 1 Attunement Meditation का भाग "एक"

अपने रेकी मास्टर से मिलना

आत्मा में आपका रेकी मास्टर

हर किसी को एक विशेष साथी दिया जाता है जिसका काम आपको रेकी सत्र की सुविधा प्रदान करने में मदद करना है। अपने रेकी मास्टर रेकी ऊर्जा के लिए अपने attunement में आप के लिए दिखाया जाएगा। यह एक बहुत ही खास अनुभव है; कुछ अद्भुत झुनझुनी महसूस करते हैं, सुंदर रंग और चित्र देखते हैं, संगीत सुनते हैं, और बस इसे सच होने के लिए जानते हैं। आप अपने रेकी मास्टर से एक ध्यान

के माध्यम से मिलेंगे जो आपके रेकी मास्टर/प्रशिक्षक द्वारा आपको पढ़ा जाएगा - कक्षा में या यूट्यूब पर ऑनलाइन। हर कोई किसी को कुछ या कुछ अलग लगता है। यह हमेशा आपके पास उस रूप में आएगा जिसे आप संभाल सकते हैं। मेरे पास ऐसे छात्र हैं जिन्हें एक व्यक्ति मिलता है - पुरुष या महिला, बूढ़ा या युवा, कुछ एक जानवर, कुछ एक रंग, कुछ सिर्फ एक नाम, और कुछ इतने डरे हुए हैं कि उन्हें कुछ भी नहीं मिलता है। आराम करो।।। और ध्यान का आनंद लें।

विश्राम की स्थिति

यह विश्राम तकनीक प्रत्येक समायोजन की शुरुआत में की जाती है। महसूस करें कि यह एकमात्र विश्राम ध्यान नहीं है जिसका आप उपयोग कर सकते हैं। मैं इसका उपयोग इसलिए करता हूं क्योंकि यह एक कृत्रिम निद्रावस्था पैदा करता है जो आपको अपने छात्रों को चेतन और अचेतन दोनों स्तरों पर समायोजित करने की अनुमति देता है। यह महत्वपूर्ण है, जैसा कि आप इस विश्राम के साथ आगे बढ़ते हैं कि प्रत्येक कथन के बीच लगभग 5 सेकंड का विराम होता है।

इस ध्यान को पढ़ें:

> "अपनी आँखें बंद करो ... सहज हो जाओ..... वास्तव में आराम करें..... अपने फेफड़ों के नीचे तक गहरी सांस लें... अब, अपनी सांस को धीरे-धीरे और पूरी तरह से बाहर निकलने दें ... अपना ध्यान अपनी आंखों के पीछे केंद्रित करें। अपनी आंखों की सभी मांसपेशियों को आराम दें..... उन्हें पूरी तरह से आराम दें... उन्हें इतना आराम दें कि वे खुल ही न जाएं...। और अब जब वे आराम से हैं, तो उनका परीक्षण करें..... यदि वे आराम से हैं, तो वे खुलते नहीं हैं..... अच्छा।।।।। अब एक और गहरी सांस लें... इसे महसूस करें कि यह आपके फेफड़ों के हर हिस्से का विस्तार करता है..... अब धीरे-धीरे और पूरी तरह से सांस छोड़ें... अपनी आंखों की मांसपेशियों में उसी विश्राम को अपने पैर की उंगलियों तक जाने दें..... पूरी तरह से जाने

दो। अपनी कल्पना का प्रयोग करें..... अब अपने आप से परे जाने के लिए तैयार हो जाओ .... इस बिंदु से, सभी बाहरी शोरों को मेरी आवाज पर अपनी जागरूकता बढ़ाने दें। मेरी आवाज को अपनी आवाज बनने दो... अपने पैर की उंगलियों को पूरी तरह से आराम दें। अपना सारा ध्यान अपने पैरों में केंद्रित करें। जाने दो।।।। आपके पैरों की सभी मांसपेशियां... अब उन्हें आराम देने पर ध्यान दें..... आपके निचले पैर... और आपके ऊपरी पैर.... अब अपने कूल्हों को आराम देने पर ध्यान दें।. आपका पेट का निचला हिस्सा... और आपका पेट...। अपनी पीठ के निचले हिस्से को आराम दें... अपनी छाती को आराम दें... और आपकी ऊपरी पीठ.... सो नहीं रहा है.... अभी भी जो कुछ भी हो रहा है उसके बारे में बहुत जागरूक हैं... मेरी आवाज को स्पष्ट रूप से सुनने में सक्षम... अब अपने कंधों और गर्दन की सभी मांसपेशियों को आराम दें।. अपनी बाहों को आराम दें... आपकी उंगलियों तक सभी तरह से.... अब अपने जबड़े को आराम देने पर ध्यान दें... इसे स्वतंत्र रूप से आराम दें... अपनी जीभ को आराम दें... अब अपने चेहरे की सभी मांसपेशियों को आराम दें... आपका मुंह.... आपकी आँखें... आपका जबड़ा.... और आपका माथा...। अब आप बहुत आराम कर रहे हैं... वास्तविकता के संपर्क से बाहर नहीं। मैं जो कुछ भी कह रहा हूं उसके अनुरूप है। अपने परिवेश के बारे में पूरी तरह से जागरूक... बस बहुत, बहुत गहराई से आराम ... अब, आप गहरी शारीरिक विश्राम के स्तर पर पहुंच गए हैं।

आइए गहन मानसिक विश्राम पर ध्यान केंद्रित करें।. मानसिक विश्राम के लिए, मैं धीरे-धीरे 100 से 98 तक गिनूंगा, ताकि आप प्रत्येक संख्या के साथ अपने विश्राम को दोगुना कर सकें। जब आप 98 तक पहुंच जाते हैं, तो बस संख्या को गायब होने दें। हम जा रहे हैं।।।। 100....अब अपने विश्राम को दोगुना करें, बस जाने दो .... 99....अपने विश्राम को फिर से दोगुना

करें, अब और भी अधिक आराम से.... 98....अपने विश्राम का समय दोगुना करें.... अब संख्याओं को गायब होने दें... उन्हें गायब होने दो... यह विश्राम का एक अच्छा चरण है। वास्तविकता के संपर्क से बाहर नहीं ... मैं जो कुछ भी कह रहा हूं उसके साथ गहराई से तालमेल बिठाता हूं। अपने परिवेश के बारे में पूरी तरह से जागरूक... बस मेरी आवाज पर बहुत इरादा... सभी शोरों को अपना ध्यान बढ़ाने की अनुमति देना।. मानसिक रूप से निम्नलिखित प्रतिज्ञान दोहराएं:

मन के प्रांत में, मैं असीमित हूं।

(6 बार और दोहराएं)

अगली बार जब आप ध्यान में जाएंगे, तो आप और भी गहराई में जाएंगे... यह और भी बेहतर काम करेगा... तेजी से।।।। गहरा।

अब, आप अपने आप के उच्च पक्ष में चले जाएंगे ... शुद्ध आत्मा.... प्रकाश का एक प्राणी.... आप अपने शरीर नहीं हैं। अपना ध्यान अपने पैर की उंगलियों में केंद्रित करें। ध्यान दें कि आपके पास पैर की उंगलियां हैं... और वे आराम से हैं... लेकिन आप अपने पैर की उंगलियों नहीं हैं....अब अपने पैरों पर ध्यान दें... और आपके निचले पैर.... और आपके ऊपरी पैर.... तुम भी ये नहीं हो... जैसे-जैसे आप अधिक से अधिक आराम करते हैं, अपना ध्यान मेरी आवाज पर केंद्रित करें। ध्यान दें कि आपके पास कूल्हे हैं, लेकिन आप अपने कूल्हे नहीं हैं .... अपने पेट पर ध्यान दें... आपकी छाती.... और आपकी सांस.... अंदर और बाहर जाना। तुम अपने पेट नहीं हो... और तुम अपनी छाती नहीं हो...। और आप अपनी सांस नहीं ले रहे हैं। अपनी पूरी पीठ पर ध्यान दें... आप भी वह नहीं हैं। अपने कंधों पर ध्यान दें... आप जानते हैं कि वे वहां हैं ... वे तुम्हारा हैं... लेकिन आप अपने कंधे नहीं हैं... और तुम भी अपनी भुजाएँ नहीं हो। ध्यान दें कि आपके पास एक गर्दन है

.... लेकिन तुम अपनी गर्दन नहीं हो... अब अपनी चेतना को अपने जबड़े पर स्विच करें ... आप अपने जबड़े नहीं हैं। तुम अपनी जीभ नहीं हो... न ही आप अपने चेहरे की सभी मांसपेशियां हैं........ अपनी नाक सहित... आपकी आँखें.......... और तुम्हारा मुंह.... आप वे नहीं हैं ... अब अपने विचारों पर ध्यान दें... और आपके पास विचार हैं ... लेकिन आप अपने विचार नहीं हैं... अब और भी गहराई में जाओ .... मुझे अपना पूरा ध्यान दो... मेरी आवाज पर ध्यान केंद्रित करो।

अब प्यार की भावनाओं और मजबूत सकारात्मक विचारों के साथ अपनी कंपन दर बढ़ाने का समय आ गया है। आप अपने आप को एक सुंदर सुरक्षात्मक सफेद रोशनी से घेरकर ऐसा कर सकते हैं। यह सफेद रोशनी सत्य का प्रतिनिधित्व करती है। माफी...। स्रोत की आपकी आदर्श अवधारणा, और वह सब अच्छा है। इस सफेद रोशनी को अब अपने दिल में चमकने की कल्पना करें।

इस सफेद रोशनी को अपने दिल के भीतर चमकने दें। इसे बढ़ने दीजिए। इसकी गर्मी और पवित्रता को महसूस करें। इसे अपने दिल से फैलने और विकीर्ण होने दें ताकि यह आपके शरीर को ढक ले। पूरी तरह से आपको शुद्ध, जीवंत सफेद रोशनी के कोकून में घेर लिया गया है।. यह सफेद रोशनी स्रोत की सही उपस्थिति है। आप वास्तव में इसे देख सकते हैं ... इसे महसूस करो...। या इसे महसूस करें...। लेकिन आपको वास्तव में बस इतना करना है कि यह वहां होने के लिए जानना है। यह हमेशा आपके साथ रहेगा। अब आपके पास सुरक्षात्मक सफेद रोशनी है ताकि आपका अवचेतन मन केवल उन सुझावों के लिए खुला रहे जो आपके लिए सहायक और फायदेमंद हों..... अपने आप को सफेद रोशनी में नहलाएं... ध्यान दें कि आप प्रकाश हैं... आप शुद्ध आत्मा हैं ... स्रोत का एक प्रिय बच्चा.... समय और स्थान से परे। अपने प्रकाश को विस्तारित महसूस करें .... अपने प्रकाश को अनंत में उत्सर्जित करें...

आप शुद्ध प्रकाश हैं... बिना शर्त शुद्ध प्यार.... शुद्ध करुणा.... शुद्ध क्षमा। आप परे हैं... आप ब्रह्मांड के साथ एक हैं।

छात्र को आकर्षित करें:

एक) जबकि छात्र अपना "हुई यिन" रखता है, राकू प्रतीक के साथ अपना मुकुट चक्र खोलता है, फिर रेकी स्तर 1 - चोकुरेई प्रतीक को अपने मुकुट, हृदय और हथेलियों में खींचता है।

दो) अब, छात्र "गुर्दे की सांस" लेता है।

तीन) राकू प्रतीक के साथ उनके मुकुट को बंद करें ...

चार) फिर, ध्यान का दूसरा भाग जारी रखें...

स्तर 1 रेकी प्रतीक

रेकी प्रतीकों का उपयोग करना: कहना, सोचना, देखना और चित्र बनाना

चोकुरेई जैसे रेकी प्रतीक ऊर्जा उपचार में शक्तिशाली उपकरण हैं, और एक सत्र के दौरान उनका उपयोग करने के कई तरीके हैं। इनमें से कोई भी तरीका रेकी प्रतीक और उसकी ऊर्जा को जगा सकता है। यहां बताया गया है कि कोई व्यक्ति इन प्रतीकों को प्रभावी ढंग से कैसे कह सकता है, सोच सकता है, देख सकता है या आकर्षित कर सकता है:

1. प्रतीक कहना

चोकुरेई (शो कू रे):

- मौखिक आह्वान: इसकी शक्ति को सक्रिय करने के लिए "चोकुरेई" ज़ोर से कहें। ऊर्जा बढ़ाने के लिए आप इसे कई बार दोहरा सकते हैं।
- पुष्टि: "मैं उपचार के लिए चोकुरेई की शक्ति का आह्वान करता हूं" या "चोकुरेई, कृपया रेकी ऊर्जा को बढ़ाएं" जैसे वाक्यांशों का उपयोग करें।

2. प्रतीकों के बारे में सोचना

चोकुरेई:

- मानसिक विज़ुअलाइज़ेशन: अपने दिमाग की आंखों में चोकुरेई प्रतीक की कल्पना करें। इसे मानसिक रूप से खींचने की कल्पना करें, ऊपर से शुरू करें और सर्पिल बनाएं।

- फोकस: प्रतीक और उसके उद्देश्य पर ध्यान केंद्रित करें, यह कल्पना करें कि यह आवश्यकता के क्षेत्र में ऊर्जा को प्रसारित कर रहा है।

3. प्रतीकों को देखना

चोकुरेई:

- दृश्य सहायता: संदर्भ के रूप में चोकुरेई प्रतीक के चित्रों या आरेखों का उपयोग करें। अपना ध्यान केंद्रित करने के लिए उन्हें अपने उपचार स्थान पर रखें।
- निर्देशित विज़ुअलाइज़ेशन: अपनी आँखें बंद करें और कल्पना करें कि प्रतीक आपके सामने चमक रहा है, जो उपचार ऊर्जा विकीर्ण कर रहा है।

4. प्रतीकों को चित्रित करना

चोकुरेई:

- भौतिक ड्राइंग: हवा में या प्राप्तकर्ता के शरीर पर प्रतीक खींचने के लिए अपने हाथ का उपयोग करें। ऊर्ध्वाधर रेखा के ऊपर से शुरू करें और सर्पिल बनाएं।
- पेपर ड्राइंग: सत्र से पहले, अपने इरादे पर ध्यान केंद्रित करने के लिए कागज के एक टुकड़े पर प्रतीक बनाएं। आप इस ड्राइंग को उस क्षेत्र पर या उसके पास रख सकते हैं जहां उपचार की आवश्यकता है।
- बॉडी ड्राइंग: प्राप्तकर्ता के शरीर पर, चक्रों के ऊपर, या उस विशिष्ट क्षेत्र पर प्रतीक खींचने की कल्पना करें जिसे उपचार की आवश्यकता है।

व्यावहारिक सुझाव

- संयोजन: अधिक शक्तिशाली प्रभाव के लिए कहने, सोचने, देखने और चित्र बनाने के संयोजन का उपयोग करें। उदाहरण के लिए, प्रतीक को देखते समय और उसे चित्रित करते समय उसका नाम कहें।
- इरादा: प्रतीकों का उपयोग करने से पहले हमेशा एक स्पष्ट इरादा निर्धारित करें। यह ऊर्जा को केंद्रित करता है और उपचार प्रक्रिया को बढ़ाता है।
- अभ्यास: प्रतीकों के साथ नियमित अभ्यास से उन्हें प्रभावी ढंग से उपयोग करने की आपकी क्षमता मजबूत होगी। उनकी ऊर्जा से अधिक परिचित और सहज बनने के लिए उन्हें अपनी दिनचर्या में शामिल करें।

इन तकनीकों का नियमित रूप से अभ्यास करने से प्रतीकों के साथ आपका संबंध गहरा होगा और आपके रेकी अभ्यास में वृद्धि होगी।

शारीरिक उपचार के लिए उपयोग किया जाता है

चोकुरेई *(शो कू रे)* प्रतीक

- *फॉरवर्ड 7 का उपयोग सामान्य या पूरे शरीर के उपचार के लिए किया जाता है*

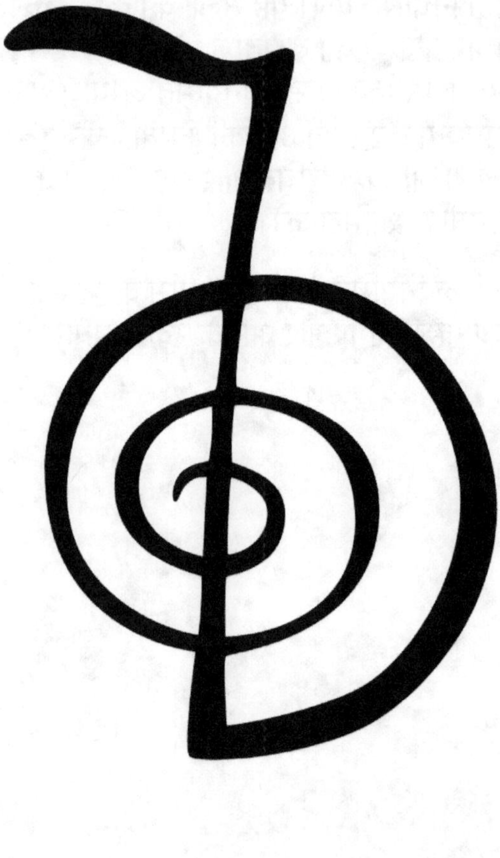

चोकुरेई प्रतीक, जिसका उच्चारण "शो कू रे" किया जाता है, रेकी में उपयोग किए जाने वाले प्राथमिक प्रतीकों में से एक है, जो ऊर्जा उपचार का एक रूप है। इस प्रतीक को अक्सर शक्ति प्रतीक के रूप में जाना जाता है और इसका उपयोग उपचार सत्रों के दौरान ऊर्जा को बढ़ाने और ध्यान केंद्रित करने के लिए किया जाता है।

या क़िस्म

चोकुरेई प्रतीक एक शैलीबद्ध संख्या सात जैसा दिखता है जिसमें एक सर्पिल होता है जो ऊर्ध्वाधर रेखा के चारों ओर लपेटता है। सर्पिल ऊपर से शुरू होता है, ऊर्ध्वाधर रेखा के आधार पर समाप्त होने से पहले साढ़े तीन मोड़ बनाता है। चोकुरेई के विभिन्न रूप हैं, जिनमें एक आगे (दक्षिणावर्त) और एक रिवर्स (वामावर्त) संस्करण शामिल है।

शारीरिक उपचार में उपयोग

चोकुरेई का उपयोग मुख्य रूप से शारीरिक उपचार के लिए किया जाता है और यह कई प्रमुख कार्य करता है:

एक) ऊर्जा को बढ़ाना: यह एक प्रकाश स्विच की तरह काम करता है, रेकी ऊर्जा के प्रवाह को चालू और बढ़ाता है। यह उपचार सत्र की प्रभावशीलता को बढ़ाने में मदद करता है।

दो) फोकस और दिशा: प्रतीक की कल्पना या चित्र बनाकर, चिकित्सक शरीर के उन विशिष्ट क्षेत्रों पर ध्यान केंद्रित और निर्देशित ऊर्जा को निर्देशित कर सकते हैं जिन्हें उपचार की आवश्यकता होती है।

तीन) सुरक्षा: इसका उपयोग मरहम लगाने वाले और प्राप्तकर्ता के चारों ओर एक सुरक्षात्मक ऊर्जा अवरोध बनाने के लिए भी किया जाता है।

फॉरवर्ड 7 का अनुप्रयोग

चोकुरेई का आगे का संस्करण, जो दक्षिणावर्त दिशा में खींचा जाता है, आमतौर पर सामान्य या पूरे शरीर के उपचार के लिए उपयोग किया जाता है। इस संस्करण के लिए माना जाता है:

- पूरे शरीर में ऊर्जा के समग्र प्रवाह को बढ़ाएं।
- समग्र शारीरिक स्वास्थ्य को बढ़ावा देते हुए, शरीर की ऊर्जा प्रणालियों को संतुलित करें।
- प्रतिरक्षा प्रणाली को मजबूत करें और शरीर की प्राकृतिक उपचार प्रक्रियाओं में सहायता करें।

उपचार सत्र में चोकुरेई का उपयोग कैसे करें

एक) तैयारी: अपने आप को केंद्रित करके और रेकी ऊर्जा से जुड़कर शुरुआत करें।

दो) प्रतीक बनाना: अपने हाथ का प्रयोग करें या अपने दिमाग में प्रतीक की कल्पना करें। शरीर के उस क्षेत्र पर चोकुरेई बनाएं जिसे आप ठीक करना चाहते हैं। ऊर्ध्वाधर रेखा के ऊपर से शुरू करें, साढ़े तीन सर्पिल दक्षिणावर्त बनाएं।

तीन) इरादा: क्षेत्र को ठीक करने और ऊर्जा को निर्देशित करने के अपने इरादे पर ध्यान केंद्रित करें। प्राप्तकर्ता में ऊर्जा को बढ़ाते और प्रवाहित होते हुए महसूस करें।

चार) ऊर्जा को प्रसारित करना: अपने हाथों से रेकी ऊर्जा को प्रसारित करना जारी रखें, जिससे प्रतीक उपचार प्रक्रिया का मार्गदर्शन और तेज कर सके।

चोकुरेई प्रतीक रेकी अभ्यास में एक शक्तिशाली उपकरण है, जो उपचार ऊर्जा के प्रवाह और फोकस को बढ़ाता है। इसका फॉरवर्ड (दक्षिणावर्त) संस्करण सामान्य या पूरे शरीर के उपचार के लिए विशेष रूप से प्रभावी है, जो इसे रेकी सत्रों का एक बहुमुखी और आवश्यक घटक बनाता है।

चोकुरेई (शो कू रे) प्रतीक: पिछड़ा 7

- *बैकवर्ड 7 का उपयोग विशिष्ट या छोटे क्षेत्रों के लिए किया जाता है।*

चोकुरेई प्रतीक, या "शो कू रे" के उपयोग में भिन्नताएं हैं, जिनमें से एक में पिछड़ा या वामावर्त संस्करण शामिल है। जबकि फॉरवर्ड 7 का उपयोग सामान्य या पूरे शरीर के उपचार के लिए किया जाता है, बैकवर्ड 7 विशेष रूप से लक्षित या छोटे क्षेत्र के उपचार के लिए लागू होता है।

पिछड़ा 7 विवरण

चोकुरेई का पिछड़ा संस्करण वामावर्त खींचा गया है। आगे के संस्करण की तरह, इसमें एक सर्पिल के साथ एक ऊर्ध्वाधर रेखा होती है जो इसके चारों ओर लपेटती है लेकिन विपरीत दिशा में। इस भिन्नता का उपयोग उपचार ऊर्जा को विशिष्ट, स्थानीयकृत क्षेत्रों पर केंद्रित करने के लिए किया जाता है, बजाय इसे पूरे शरीर में फैलाने के।

विशिष्ट या छोटे क्षेत्र के उपचार में उपयोग

पिछड़ा चोकुरेई प्रतीक इसके लिए विशेष रूप से प्रभावी है:

एक) लक्षित उपचार: यह रेकी ऊर्जा को शरीर के विशिष्ट हिस्सों पर केंद्रित करता है जिन्हें केंद्रित उपचार की आवश्यकता होती है, जैसे कि घाव, जोड़ या अंग।

दो) परिशुद्धता: यह चिकित्सक को ऊर्जा को सटीकता के साथ निर्देशित करने की अनुमति देता है, जिससे यह सुनिश्चित होता है कि प्रभावित क्षेत्र को सबसे अधिक लाभ मिले।

तीन) ऊर्जा को तेज करना: वामावर्त दिशा का उपयोग करके, ऊर्जा को तीव्र और संघनित माना जाता है, जिससे यह छोटे क्षेत्रों के लिए अधिक शक्तिशाली हो जाती है।

उपचार सत्र में बैकवर्ड 7 का उपयोग कैसे करें

एक) तैयारी: अपने आप को केंद्रित करें और रेकी ऊर्जा से जुड़ें, उपचार सत्र के लिए एक स्पष्ट इरादा निर्धारित करें।

दो) प्रतीक बनाना: उपचार की आवश्यकता वाले विशिष्ट क्षेत्र पर पिछड़े चोकुरेई की कल्पना करें या खींचें। ऊर्ध्वाधर रेखा के शीर्ष से शुरू करें और सर्पिल वामावर्त बनाएं।

तीन) ऊर्जा पर ध्यान केंद्रित करना: रेकी ऊर्जा को छोटे, लक्षित क्षेत्र में प्रसारित करने पर ध्यान केंद्रित करें। कल्पना करें कि ऊर्जा अधिक केंद्रित और तीव्र हो रही है।

चार) उपचार प्रक्रिया: अपने हाथों को उस क्षेत्र पर रखें, जिससे प्रतीक ऊर्जा प्रवाह को ठीक से निर्देशित कर सके जहां आवश्यक हो।

पिछड़े 7 का उपयोग करने के लाभ

एक) स्थानीयकृत समस्याओं के लिए उन्नत उपचार: यह विधि स्थानीय दर्द, चोटों या बीमारियों को संबोधित करने के लिए आदर्श है, जो प्रभावित क्षेत्र को अधिक प्रभावी उपचार प्रदान करती है।

दो) ऊर्जा एकाग्रता: पिछड़ा सर्पिल ऊर्जा को केंद्रित करने में मदद करता है, जिससे उपचार प्रक्रिया विशिष्ट समस्याओं के लिए अधिक शक्तिशाली और प्रभावी हो जाती है।

तीन) पूरक उपयोग: इसका उपयोग एक ही सत्र में सामान्य और लक्षित दोनों उपचार प्रदान करने के लिए फॉरवर्ड 7 प्रतीक के साथ संयोजन में किया जा सकता है।

पिछड़ा चोकुरेई प्रतीक रेकी चिकित्सकों के लिए एक आवश्यक उपकरण है, जो सटीक और केंद्रित उपचार की अनुमति देता है। इसकी वामावर्त दिशा छोटे या विशिष्ट क्षेत्रों के लिए विशेष रूप से प्रभावी है, जो इसे रेकी अभ्यास के लिए एक बहुमुखी अतिरिक्त बनाती है। चोकुरेई के आगे और पीछे दोनों संस्करणों को समझकर और उनका उपयोग करके, चिकित्सक अपने ग्राहकों की आवश्यकताओं के अनुरूप व्यापक उपचार प्रदान कर सकते हैं।

लेवल 1 Attunement Meditation का भाग "दो"

प्रतीकों को चित्रित करने के बाद इस दूसरे भाग को पढ़ें:

आत्मा में अपने रेकी मास्टर से मिलना

एक पल में, मैं आपको अपने सिर के केंद्र में, अपनी आंखों के पीछे एक गोलाकार कमरे में खुद को अनुभव करने के लिए कहने जा रहा हूं। इस गोलाकार कमरे में दरवाजे और खिड़कियां हैं जो सभी तरफ से बाहर निकलती हैं। प्रत्येक दरवाजा, प्रत्येक खिड़की, एक अलग गाइड की ओर ले जाती है। दरवाजों में से एक आत्मा में आपके रेकी मास्टर की ओर जाता है। मैं चाहता हूं कि अब आप अपने आप को गोलाकार कमरे में कल्पना करें। चारों ओर देखें और सभी दरवाजों और खिड़कियों का अनुभव करें। अपने आप से पूछें कि कौन सा दरवाजा आत्मा में आपके रेकी मास्टर की ओर जाता है। मैं चाहता हूं कि आप इसके पास जाएं और इसके सामने खड़े हों। इसे अपने लिए सबसे ज्वलंत रूप में अनुभव करने के लिए कहें। आप इसे देख सकते हैं... आप इसे महसूस कर सकते हैं... आप इसका विवरण सुन सकते हैं... या आप बस जान सकते हैं। दरवाजा कैसा दिखता है?........ यह कैसे खुलता है?.... अब, मैं चाहता हूं कि आप इस दरवाजे को किसी तरह से चिह्नित करें ताकि आपको हमेशा पता चल सके कि यह आत्मा में आपके रेकी मास्टर की ओर जाता है। आप उस पर एक प्रतीक लगा सकते हैं।. आप इस पर लिख सकते हैं... कुछ भी भी.... इस दरवाजे के दूसरी तरफ सुनहरी रोशनी से भरा एक गलियारा है। मैं चाहता हूं कि आप अब इस दरवाजे से चलें। दालान में कदम रखते हुए.... इसके नीचे चलना शुरू कर दिया ... आप पर धूप महसूस कर सकते हैं... आप चमकदार, चमचमाती परी धूल देख सकते हैं। आप एक स्वर या एक राग सुन सकते हैं .... और आप इतना अद्भुत महसूस करते हैं कि आप आत्मा में अपने रेकी मास्टर से मिलने के रास्ते पर हैं। फर्श पर जो

कुछ भी है उस पर ध्यान दें... दीवारें...। या छत...। दालान के नीचे सभी तरह से चलो जब तक आप अगले दरवाजे तक नहीं पहुंच जाते। इस दरवाजे के दूसरी तरफ आत्मा में अपने रेकी मास्टर आप से मिलने के लिए इंतजार कर रहा है .... हम अब अपने रेकी मास्टर के साथ एक सचेत अनुबंध करने के लिए जा रहे हैं .... मैं चाहता हूं कि आप मेरे बाद इन तीन चीजों के बारे में सोचें ... "आत्मा में मेरे रेकी मास्टर में उच्चतम स्तर की अखंडता संभव है। "आत्मा में मेरा रेकी मास्टर एक ऐसे रूप में आता है जिसे मैं आसानी से स्वीकार कर सकता हूं। "आत्मा में मेरा रेकी मास्टर उच्चतम स्तर पर है जिसके साथ मैं आसानी से संवाद कर सकता हूं। और कुछ भी जो आप जोड़ना चाहते हैं वह आपके लिए विशेष रूप से महत्वपूर्ण है। अब इस दरवाजे पर ध्यान दें... यह किस चीज से बना है?.... यह कैसे खुलता है?.... अब आत्मा में अपने रेकी मास्टर आप के लिए संभव सबसे ज्वलंत रूप में आने के लिए अनुमति देने के लिए दरवाजे के माध्यम से चलो.... तो आप इसे देख सकते हैं... इसे सुनो...। इसे महसूस करो...। या जान लें कि यह वहां है...। इसे इस तरह से बधाई दें कि आरामदायक लगे।. आप इसे गले लगा सकते हैं... नमस्ते कहो.... गज।।।। या अपना हाथ हिलाएं...। पूछें कि इसका नाम क्या है... यदि यह रूप बदलता रहता है, तो इसे एक आकार चुनने के लिए कहें।. पूछें कि रेकी में यह कदम उठाने के बारे में कैसा लगता है... कृपया पूछें कि आपके साथ काम करने में इसकी क्या जिम्मेदारियां होंगी ... आपको 1 डिग्री रेकी से जोड़ने में मेरी सहायता करने के लिए धन्यवाद। पूछें कि आप शरीर पर इस रेकी एट्यूनमेंट का अधिकतम लाभ कैसे उठा सकते हैं। मन.... आत्मा.... और भावनात्मक स्तर...। पूछें कि आप अपने अनुभव को बढ़ाने के लिए उन स्तरों में से प्रत्येक पर क्या कर सकते हैं। और कुछ और जो आप पूछना चाहते हैं ....

मैं चाहता हूं कि आप अब अलविदा कहने के लिए तैयार हो जाएं ... तो आगे बढ़ो...। अलविदा कहना।।।। उन्हें गले लगाना...। हाथ मिलाते हुए.... उन्हें नमन करते हुए.... जो भी उचित लगे.... दरवाजे पर वापस जा रहा है और सुनहरी रोशनी से भर गया गलियारा... अपने पीछे का

दरवाज़ा बंद करना... दालान के नीचे वापस चलना शुरू कर रहा है .... आप पर सूरज की रोशनी महसूस कर रहा है .... चमकदार परी धूल देखकर.... एक स्वर या एक राग सुनना .... इस अनुभव के बाद बहुत अच्छा लग रहा है.... फर्श पर कुछ भी देख रहा है .... दीवारें...। या छत...। अंत तक नीचे जाएं .... दरवाजे के माध्यम से वापस, गोलाकार कमरे में...। अपने पीछे का दरवाज़ा बंद करना...

मैं एक पल में तुम 3 गहरी साँसें लेने जा रहा हूँ... जैसा कि आप सांस लेते हैं, मैं चाहता हूं कि आप कल्पना करें कि 1 डिग्री रेकी ऊर्जा एक सेलुलर स्तर तक नीचे जा रही है। जैसे ही आप सांस छोड़ते हैं, आपका इरादा प्रत्येक कोशिका को डीएनए तक पुनः प्रोग्राम करने का होगा ताकि वह 1 डिग्री रेकी से जुड़ा हो.....

तो, रेकी ऊर्जा की उस 1 डिग्री में सांस लेना सेलुलर स्तर तक सभी तरह सेलुलर स्तर तक।. साँस छोड़ना, डीएनए के लिए हर सेल को प्रोग्रामिंग 1 डिग्री रेकी ऊर्जा से भरा जा सकता है। में साँस लेना, 1 डिग्री रेकी ऊर्जा सेलुलर स्तर तक सभी तरह से नीचे। सांस छोड़ते हुए, डीएनए तक की प्रत्येक कोशिका 1 डिग्री रेकी ऊर्जा से जुड़ी होती है। और एक बार।।। 1 डिग्री रेकी ऊर्जा में सांस सभी तरह से सेलुलर स्तर के लिए नीचे.... सांस छोड़ते हुए, प्रत्येक कोशिका 1 डिग्री रेकी ऊर्जा से जुड़ी होती है।

प्रत्येक छात्र अपने अनुभव के बारे में बात करें *(जो वे अपने रेकी मास्टर के रूप में मिले थे)।*

रेकी 21-दिन की सफाई

जीवन का कोई क्षेत्र नहीं है जिसे रेकी नहीं बदलेगा और प्रभावित नहीं करेगा। यह लक्ष्यों और इच्छाओं को प्रकट रूप में लाने में सहायता करेगा। यह रिश्तों को ठीक करने का काम करेगा। जहां भी असमानता और असंतुलन है, ऊर्जा व्यवस्था और स्थिरता बहाल करेगी।

शारीरिक शुद्धि: जब रेकी भौतिक शरीर को शुद्ध कर रही होती है, तो फ्लू जैसे लक्षणों का अनुभव हो सकता है। मामूली असुविधाओं में मांसपेशियों में दर्द, बुखार, सिरदर्द, गले में खराश, अत्यधिक बलगम, खांसी, कब्ज, दस्त और अन्य लक्षण शामिल हैं। जैसे-जैसे विषाक्त पदार्थ निकलते हैं, मूत्र और मल में गंध बदल सकती है। पूरे शरीर में दबाव या दर्द, झुनझुनी, मतली, या कताई संवेदनाएं भी चक्रों में महसूस की जा सकती हैं क्योंकि रेकी उन्हें खोलती है, साफ करती है और उन्हें संतुलित करती है।

प्रभाव को कम करने के लिए, स्व-उपचार किया जाना चाहिए, लंबी सैर की जानी चाहिए, पूरे शरीर को हल्के ढंग से व्यायाम करना चाहिए, कुछ गहरी सांस लेनी चाहिए, और बहुत सारा फ़िल्टर्ड पानी पीना चाहिए। हल्का, पौष्टिक भोजन खाएं, जिसमें ताजे फल और सब्जियां शामिल हों। जूस निकालना या उपवास करना भी फायदेमंद होता है।

भावनात्मक शुद्धि: जैसे ही भावनात्मक शरीर की शुद्धि होती है, बिना किसी स्पष्ट कारण के गहरी भावनाओं को सामने लाया जा सकता है: क्रोध, हताशा, दुः ख, भय, उदासी और अन्य। इन भावनाओं को इस जीवनकाल में पहले के समय से या पिछले जीवन के अनुभवों से दबा दिया गया है या दबा दिया गया है। वे आपके भौतिक मैट्रिक्स की गहराई से मुक्त हो रहे हैं - शरीर और मन के सेलुलर स्तर से। इन भावनाओं के लिए किसी पर दोष न लगाएं। बस उन्हें अनुभव करें क्योंकि वे सतह पर आते हैं और उन्हें जाने देते हैं।

प्रभाव को कम करने के लिए एक हाथ अपने माथे पर और दूसरा अपनी नाभि पर रखें। सांस लें और कल्पना करें कि सुंदर सफेद रोशनी आपके मुकुट चक्र में आ रही है, आपके पूरे शरीर में चक्कर लगा रही है, और सभी भावनात्मक अवशेषों को इकट्ठा कर रही है। फिर, अपने सौर जाल चक्र के माध्यम से जारी भावनाओं की कल्पना करते हुए जोर से सांस लें। तब तक दोहराएं जब तक आप शांत महसूस न करें। समुद्री नमक, एप्सम लवण, या 1 पाउंड समुद्री नमक और बेकिंग सोडा के संयोजन में एक लंबा स्नान करें। यह आपको आराम देगा और आपके भावनात्मक शरीर को साफ करने में मदद करेगा।

मानसिक शुद्धि: जब मानसिक शरीर की शुद्धि होती है, तो पुराने विचार रूप, व्यवहार पैटर्न और/या आदतें सामने आ सकती हैं। नशे की लत की लत इच्छाएं फिर से उभर सकती हैं। निर्णय, दोष, उत्पीड़न, दुर्व्यवहार, इनकार, आत्म-विनाश, आत्म-दया आदि के विचार प्रबल हो सकते हैं। इन मुद्दों को आपके अस्तित्व के हर स्तर पर, इस जीवनकाल से और अन्य लोगों पर ठीक किया जा रहा है। बस उन पर एक नज़र डालें, उन्हें जाने दें, और फिर अपने विचारों को जानबूझकर अधिक सकारात्मक प्रकृति के विचारों में बदलें।

प्रभाव को कम करने के लिए: सिर की स्थिति पर स्व-रेकी उपचार करने में अतिरिक्त समय व्यतीत करें। ऐसी चीजें करें जो आपको अच्छा महसूस कराएं: अपने आप को पोषित करें और लाड़ प्यार करें जैसे आप एक दोस्त होंगे जो ऐसा ही अनुभव कर रहा था। इसके अलावा, सकारात्मक पुष्टि मंत्रों को दोहराने और अपने पसंदीदा संगीत को सुनने से विचारों के संभावित नकारात्मक प्रभावों की तीव्रता कम हो जाती है।

आध्यात्मिक शुद्धि: जब आध्यात्मिक शुद्धि प्रक्रिया में होती है, तो आपके विश्वासों को हिलाया जा सकता है और चुनौती दी जा सकती है: दुनिया कैसे संचालित होती है, रिश्ते कैसे होने चाहिए, धर्म के बारे में, जीवन में क्या महत्वपूर्ण है, आदि। जैसे-जैसे ऐसा होता है, अंतर्दृष्टि,

रहस्योद्घाटन और नई समझ स्पष्ट हो जाएगी। ये आपके नए बनने और हमेशा बदलते आध्यात्मिक नींव के निर्माण खंड होंगे।

प्रभावों को कम करने के लिए: अपने अनुभवों के बारे में समान विचारधारा वाले लोगों से बात करें, उत्थानशील किताबें पढ़ें, प्रेरक टेप सुनें और अपने आप को दयालुता से पेश आएं। आप समझ के नए स्तर प्राप्त कर रहे हैं। इस प्रक्रिया के दौरान, आप अकेलापन महसूस कर सकते हैं और शायद भयभीत हो सकते हैं कि आप पागल हो रहे हैं। जान लें कि सब कुछ ठीक है और यह प्रक्रिया पूरी तरह से सामान्य है। अपने आप पर रेकी करना जारी रखें; यह अकेले ही आपको शुद्धिकरण प्रक्रिया के माध्यम से ले जा सकता है और आपको उस के करीब लाएगा जो आप वास्तव में हैं: दिव्य आत्मा, एक शानदार वाहन की संवेदनाओं के माध्यम से अस्तित्व के भौतिक क्षेत्र का अनुभव करना - आपका शरीर।

प्रभाव को कम करने के लिए, बहुत सारे फ़िल्टर्ड पानी पिएं, बहुत सारे कच्चे फल और सब्जियां खाएं, और अपने पूरे शरीर को हल्के से व्यायाम करें (चलना, तैरना, आदि)। दिन के अंत में लिखना आपके दिमाग को साफ करने का एक शानदार तरीका है। बस लिखें कि आप कैसा महसूस करते हैं और क्यों।

रेकी स्व-उपचार हाथ की स्थिति

रेकी ऊर्जा क्षेत्र के प्रभावित हिस्सों से बहकर और उन्हें सकारात्मक ऊर्जा से चार्ज करके ठीक करती है। यह भौतिक शरीर में और उसके आसपास ऊर्जा क्षेत्र के कंपन स्तर को बढ़ाता है जहां नकारात्मक विचार और भावनाएं जुड़ी होती हैं। इससे नकारात्मक ऊर्जा टूट जाती है और दूर हो जाती है। ऐसा करने में, रेकी ऊर्जा मार्गों को साफ करता है, सीधा करता है और ठीक करता है, इस प्रकार किसी की जीवन शक्ति को स्वस्थ और स्वाभाविक रूप से प्रवाहित करने की अनुमति देता है। ऊर्जा प्राप्त करने वाला व्यक्ति अनजाने में ऊर्जा खींचता है, और यह स्वाभाविक रूप से शरीर के अंदर उन जगहों पर प्रवाहित होता है जहां इसकी सबसे अधिक आवश्यकता होती है। जब पर्याप्तता होती है, तो ऊर्जा हस्तांतरण समाप्त हो जाता है।

क्योंकि ईश्वर-चेतना रेकी का मार्गदर्शन करती है, यह कभी नुकसान नहीं पहुंचा सकती। यह हमेशा जानता है कि उस व्यक्ति को क्या चाहिए और उचित प्रभाव पैदा करने के लिए खुद को समायोजित करेगा। रेकी देनी है या नहीं, इस बारे में चिंता करने की कभी जरूरत नहीं है। यह हमेशा मददगार होता है।

इसके अलावा, क्योंकि चिकित्सक उपचार को निर्देशित नहीं करता है और यह तय नहीं करता है कि किस पर काम करना है या क्या ठीक करना है, अभ्यासी को ग्राहक के कर्म को लेने का खतरा नहीं है। क्योंकि अभ्यासी उपचार नहीं कर रहा है, अहंकार के लिए रास्ते से बाहर रहना और भगवान की उपस्थिति को चमकने देना भी बहुत आसान है।

रेकी अभ्यासी की ऊर्जा कभी समाप्त नहीं होती है क्योंकि यह एक चैनल उपचार है। वास्तव में, रेकी चेतना चिकित्सक और ग्राहक दोनों को उपचार की आवश्यकता मानती है, इसलिए दोनों उपचार प्राप्त

करते हैं। इस वजह से, उपचार देने से हमेशा व्यक्ति की ऊर्जा बढ़ती है और व्यक्ति कल्याण की प्रेमपूर्ण भावनाओं से घिरा रहता है।

रेकी अभ्यासी केवल वह वाहन है जिसके माध्यम से ऊर्जा प्रसारित होती है; रिसीवर हमेशा खुद को ठीक होने की अनुमति देने के लिए जिम्मेदार होता है।

रेकी उपचार देते समय जानकारी प्राप्त करना

क्योंकि आप रेकी ऊर्जा को प्रसारित करते समय एक उच्च सहज ज्ञान युक्त स्थान पर हैं, आप रोगी और उनकी स्थिति के बारे में या उन परिवर्तनों के बारे में सहज ज्ञान की चमक प्राप्त कर सकते हैं जो उनके स्वास्थ्य में सुधार करेंगे। बस उन्हें प्राप्त जानकारी के बारे में सूचित करें, यह जानते हुए कि वे उनके उपचार के लिए जिम्मेदार हैं।

रेकी सत्र विकल्प के प्रकार:

- सेल्फ रेकी उपचार

रेकी स्व-उपचार

रेकी चैनल बनने की दिशा में स्व-उपचार महत्वपूर्ण पहला कदम है। आप दूसरों को केवल वही दे सकते हैं जो आप खुद को देने को तैयार हैं। पहले प्यार करें और खुद को ठीक करें।

दैनिक स्व-उपचार आपके स्वास्थ्य को मजबूत करते हैं, और प्रत्येक सत्र के साथ आपकी जीवन शक्ति की ऊर्जा रिचार्ज होती है।

आप पढ़ते समय, संगीत सुनते या यहां तक कि टेलीविजन देखते समय रेकी कर सकते हैं।

जितना अधिक आप रेकी ऊर्जा का उपयोग करेंगे, यह आपके माध्यम से उतना ही आसान और मजबूत प्रवाहित होगा।

अपनी पहली डिग्री प्राप्त करने के बाद, आपकी ऊर्जा प्रणाली को उच्च कंपन स्तरों को समायोजित करना होगा। यह ऊर्जा दो से तीन महीने में खुद को संतुलित कर लेगी। प्रभाव को कम करने के लिए दैनिक स्व-उपचार की सिफारिश की जाती है।

रेकी ब्रीदिंग एक्सरसाइज:

एक. लेटकर या बैठकर खुद को सहज बनाएं, फिर अपनी आँखें बंद करें। अपनी श्वास की लय पर ध्यान दें।

दो. सहज रूप से, अपने हाथों को अपने दो चक्र केंद्रों पर रखें।

तीन. अब अपनी सांस को निर्देशित करें (इसे सार्वभौमिक जीवन शक्ति ऊर्जा के रूप में कल्पना करें) होशपूर्वक अपने हाथों के माध्यम से चक्र केंद्रों में। विश्राम और शांति की भावना पर ध्यान दें क्योंकि यह धीरे-धीरे आपके पूरे शरीर में फैलता है।

चार. लगभग 5 मिनट के बाद। अपने हाथों को दो अन्य चक्र केंद्रों पर रखें और फिर से सचेत रूप से अपने हाथों के माध्यम से जीवन शक्ति ऊर्जा को सांस लें। अपने पर ध्यान दें

पाँच. साँस लेना। क्या यह बदल गया? बस अपने आप को "बहने की भावना" को छोड़ने दें।

छः. हाथ प्लेसमेंट जारी रखें जब तक कि आप सभी सात चक्रों को कवर न कर लें। अपनी श्वास पर ध्यान देना सुनिश्चित करें।

सात. धीरे-धीरे अपनी आँखें खोलें। आप अधिक आरामदायक, शांत और केंद्रित महसूस करेंगे।

त्वरित ऊर्जा:

एक. बैठो या लेट जाओ।
दो. एक हाथ अपने सौर जाल (3) चक्र पर रखें।
तीन. अपने दूसरे हाथ को सीधे इसके नीचे रखें, अपने पेट को छूते हुए।
चार. अपनी आँखें बंद करें, अपने हाथों को आराम दें और अपने दिमाग को बहने दें।
पाँच. 10-15 मिनट तक इसी स्थिति में रहें।
छः. अपनी आँखें खोलो। आप महत्वपूर्ण ऊर्जा से तरोताजा और तरोताजा महसूस करेंगे।

नींद में सहायता:

एक. आरामदायक स्थिति में अपनी पीठ या बगल के बल लेट जाएं।
दो. एक हाथ अपने प्लीहा (2) चक्र पर और दूसरा हाथ अपने तीसरी आंख (6वें) चक्र पर रखें। सांस लेते समय अपने पेट को उठते और गिरते हुए देखें।
तीन. उस स्थिति में तब तक रहें जब तक कि रेकी ऊर्जा गहरी विश्राम की भावना उत्पन्न न करे।

रेकी सेल्फ ट्रीटमेंट - फुल बॉडी

स्व-उपचार के लिए पद

1. रेकी ऊर्जा को अपने हाथों की सतह तक लाने के लिए अपने हाथों को एक साथ रगड़ें।

2. एक हाथ अपने सौर जाल (तीसरा) चक्र पर और एक हाथ अपने प्लीहा (2) चक्र पर रखें।

3. इस उपचार में आपकी सहायता करने के लिए आत्मा में अपने रेकी मास्टर और अपने उच्च स्व को बुलाएं। यदि आप 2 या 3 डिग्री के अभ्यस्त हैं, तो इस समय प्रतीकों का उपयोग करें।

4. पूछें कि रेकी ऊर्जा आपके माध्यम से उच्चतम स्तर पर बहती है जो आपको अभी लाभ पहुंचाती है।

5. नीचे वर्णित हाथ की स्थिति के साथ आगे बढ़ें:

सिर

स्थिति # 1 अपने हाथों को अपने चेहरे पर रखें।

स्थिति #2 अपने हाथों को अपने सिर के शीर्ष पर रखें, अपनी मध्यमा उंगलियों को क्राउन (7वें) चक्र के ऊपर मिलने दें।

स्थिति #3 अपने हाथों को अपने सिर के आधार पर किसी भी स्थिति में कप करें।

स्थिति #4: अपनी गर्दन पर एक "वी" बनाएं, जिसमें आपके हाथों को सामने की तरफ रखा जाए।

सामने

स्थिति # 1 अपने हाथों को अपनी स्तन रेखा के ऊपर रखें, अपनी उंगलियां बीच में स्पर्श करें।

स्थिति #2 अपने हाथों को अपने स्तन पर रखें, अपनी उंगलियों के बीच में मिलते हुए - हृदय (4 वां) चक्र।

स्थिति #3 दोनों हाथों को नाभि के ठीक ऊपर रखें - सौर जाल (तीसरा) चक्र।

स्थिति #4 दोनों हाथों को नाभि के ठीक नीचे रखें - प्लीहा (दूसरा) चक्र।

स्थिति #5: अपने हाथों को कमर के क्षेत्र की ओर "वी" - रूट (प्रथम) चक्र में रखें।

पीठ

स्थिति #1: अपने हाथों को अपनी गर्दन के पीछे रखें - गला (5वां) चक्र।

स्थिति #2: अपने शरीर के पार पहुंचें और अपने हाथों को एक-एक करके विपरीत कंधे पर रखें।

स्थिति #3 अपनी उंगलियों को बीच में छूते हुए, अपने हाथों को अपनी पीठ के चारों ओर ले जाएं।

स्थिति #4 अपने हाथों को अपनी कमर के ठीक ऊपर अगल-बगल रखें - सौर जाल (तीसरा) चक्र।

स्थिति #5 अपने हाथों को अपनी टेलबोन - रूट (1) चक्र के ऊपर नीचे की ओर रखें।

स्थिति #6: रेकी ऊर्जा को अपनी बाहों के नीचे और अपनी उंगलियों से बाहर निकालें। कल्पना करें कि नकारात्मक ऊर्जा पृथ्वी में नीचे गिर रही है।

स्थिति #7: रेकी ऊर्जा को अपने पैरों के नीचे चलाएं और नकारात्मक ऊर्जा को पृथ्वी में गिराए जाने की कल्पना करें।

स्थिति #8 अपने हाथों को अपने पैरों के नीचे रखें।

एक स्व-उपचार बंद करना

कहो, "मैं पूछता हूं कि यह रेकी ऊर्जा मेरे निचले हिस्से के साथ मेरे शीर्ष को ठीक करने, सामंजस्य स्थापित करने और संतुलित करती रहे, मेरे सामने मेरी पीठ के साथ, मेरे अंदर मेरे बाहर के साथ, मेरे बाएं मेरे दाएं के साथ, और मेरे यिन को मेरे यांग के साथ। मैं यह भी पूछता हूं कि यह रेकी ऊर्जा मेरे शरीर, मन, आत्मा और भावनाओं को ठीक करने, सामंजस्य और संतुलन बनाने के लिए जारी रहे।

रेकी स्तर 1 – अपरेंटिस होमवर्क

एक. रेकी की तीन डिग्रियों में से प्रत्येक से आपने क्या सीखा?

____

____

____

दो. रेकी के चार चमत्कार क्या हैं?

____

____

____

____

तीन. रेकी के पांच सिद्धांत क्या हैं?

____

____

____

____

____

चार. अपने ध्यान का वर्णन करें आत्मा में अपने रेकी मास्टर से मिलना।

____

____

पाँच. प्रतीकों और आत्म-रेकी उपचार को चित्रित करने का अभ्यास करें।

रेकी स्तर 2 - व्यवसायी

स्तर 2: ओकुडेन

ओकुडेन, जिसका अर्थ है "आंतरिक शिक्षाएं" या "छिपी हुई शिक्षाएं", रेकी प्रशिक्षण का मध्यवर्ती स्तर है। यह रेकी प्रतीकों और उन्नत मानसिक, भावनात्मक और दूर की उपचार तकनीकों का परिचय देता है।

रेकी स्तर 2 पाठ योजना

तीन - 3 घंटे की लाइव क्लास

1 कक्षा

- मानसिक और भावनात्मक उपचार के बारे में बात करें

प्रथम श्रेणी का दूसरा भाग
सुनें और सदस्यता लें

भाग 1 https://youtu.be/qwPO1WVufUc

भाग 2 https://youtu.be/59V4TLr69Jc

या *"अपरेंटिस"* ध्यान पढ़ें

  - ध्यान का पहला भाग पढ़ें
  - प्रत्येक छात्र पर स्तर 2 प्रतीक बनाएं
  - ध्यान समाप्त करें
- क्या प्रत्येक छात्र ने इस बारे में बात की है कि उन्होंने क्या अनुभव किया है

2 और 3 कक्षा

- देने और प्राप्त करने का अभ्यास करें
  - एक दूसरे पर
  - दूर रेकी हीलिंग
  - मानसिक उपचार
  - भावनात्मक उपचार
  - पौधों, बच्चों और प्राथमिक चिकित्सा पर रेकी

- इसके अलावा, एक मरहम लगाने वाले के रहस्य में पढ़ाया जाने वाला कोई भी अन्य सत्र - रेकी का जादू (वॉल्यूम एक्स)

दूसरी डिग्री रेकी

दूसरी डिग्री, रेकी एट्यूनमेंट का चक्र प्रणाली पर विशेष प्रभाव पड़ता है। एट्यूनमेंट हार्ट (4 वें) और क्राउन (7 वें) चक्रों के बीच रेकी चैनल खोलता है। निचले चक्र, जड़ (1) से सौर जाल (3), 21-दिवसीय सफाई अवधि के दौरान उच्च रेकी ऊर्जा में समायोजित होते हैं।

दूसरी डिग्री, रेकी आपको गैर-भौतिक आयामों में उपचार ऊर्जा भेजने में मदद करने के लिए एक तकनीक देता है। इसे डिस्टेंट हीलिंग कहा जाता है।

इसके अलावा, आप गहरी भावनात्मक और मानसिक समस्याओं को दूर करने का एक तरीका भी सीखते हैं। "मानसिक उपचार" आपको आत्मा के माध्यम से रिसीवर को उपचार लाने के लिए अवचेतन और उच्च स्व से संपर्क करने की अनुमति देता है। इस विधि से नींद न आना, व्यसन, अवसाद और घबराहट जैसी समस्याओं का समाधान किया जाता है।

दूसरी डिग्री रेकी के साथ, आपकी उपचार शक्तियां बहुत मजबूत होती हैं, जो तीसरी आंख (6 वें) चक्र को उत्तेजित करेगी। यह आपकी सहज शक्तियों को विकसित करने में मदद करेगा और आपको संदेश प्राप्त करने में बहुत आसानी से सक्षम करेगा।

गोपनीय रेकी प्रतीक और संबंधित मंत्र आपकी ऊर्जा को बढ़ाते हैं और आपके भीतर एक उच्च कंपन उत्पन्न करते हैं। इन प्रतीकों का उपयोग करना एक बड़ी जिम्मेदारी वहन करता है और केवल तभी दिया जाना चाहिए जब रेकी मास्टर जानता है कि आप उनके साथ काम करने के लिए पर्याप्त जिम्मेदार हैं।

आत्मा में आपका रेकी मास्टर

रेकी स्तर 1 के रूप में... स्तर 2 में 2-डिग्री ऊर्जा के साथ भी अभ्यस्त होने की शुरुआत है।

हर किसी को आत्मा में एक रेकी मास्टर प्रदान किया जाता है जिसका काम आपको रेकी सत्र को सुविधाजनक बनाने में मदद करना है। अपने रेकी मास्टर रेकी ऊर्जा के लिए अपने attunement में आप के लिए दिखाया जाएगा। ज्यादातर लोग अपने मूल रेकी मास्टर रखते हैं, लेकिन मेरे पास कई छात्र हैं जहां मास्टर विभिन्न स्तरों पर बदलता है।

अपने गुरु से मिलना एक बहुत ही विशेष अनुभव है; कुछ अद्भुत झुनझुनी महसूस करते हैं, कुछ सुंदर रंग और चित्र देखते हैं, कुछ संगीत सुनते हैं, और कुछ इसे सच मानते हैं। आप अपने रेकी मास्टर से एक ध्यान के माध्यम से मिलेंगे जो आपके रेकी मास्टर द्वारा आपको पढ़ा जाएगा - कक्षा में या यूट्यूब द्वारा - ऑनलाइन। आपका रेकी मास्टर हमेशा आपके पास उस रूप में आएगा जिसे आप संभाल सकते हैं।

ध्यान का आनंद लें।

स्तर 2 ध्यान के लिए ध्यान

आपके पास एक विकल्प है:

एक) YouTube पर लेवल 2 मेडिटेशन सुनें
भाग 1 https://youtu.be/qwPO1WVufUcPart 2
https://youtu.be/59V4TLr69Jc

या

दो) कक्षा में:

अ. ध्यान का पहला भाग पढ़ें,
आ. प्रत्येक छात्र के मुकुट, हृदय चक्रों और दोनों हथेलियों पर रेकी प्रतीकों को ड्रा करें। *(हुई यिन को पकड़कर और गुर्दे की सांस लेकर),*
इ. ध्यान का दूसरा भाग पढ़ें,
ई. जल अनुष्ठान (नींबू पानी के ऊपर प्रतीक बनाएं),
उ. राकू केई प्रतिज्ञान कहें

लेवल 2 एट्यूनमेंट मेडिटेशन का भाग "एक"

इस ध्यान को पढ़ें:

"अपनी आँखें बंद करो ... सहज हो जाओ..... वास्तव में आराम करें..... अपने फेफड़ों के नीचे तक गहरी सांस लें..... अब अपनी सांस को धीरे-धीरे और पूरी तरह से छोड़ने दें..... अपना ध्यान अपनी आंखों के पीछे केंद्रित करें। अपनी आंखों की सभी मांसपेशियों को आराम दें..... उन्हें पूरी तरह से आराम

दें..... उन्हें इतना आराम दें कि वे खुल ही न जाएं...। और अब जब वे आराम कर रहे हैं, तो उनका परीक्षण करें..... यदि वे आराम से हैं तो वे खुलते नहीं हैं..... अच्छा।।।।। अब एक और गहरी सांस लें... इसे महसूस करें कि यह आपके फेफड़ों के हर हिस्से का विस्तार करता है..... अब धीरे-धीरे और पूरी तरह से सांस छोड़ें... अपनी आंखों की मांसपेशियों में उसी विश्राम को अपने पैर की उंगलियों तक जाने दें..... पूरी तरह से जाने दो। अपनी कल्पना का प्रयोग करें..... अब अपने आप से परे जाने के लिए तैयार हो जाओ .... इस बिंदु से, सभी बाहरी शोरों को मेरी आवाज के बारे में अपनी जागरूकता बढ़ाने दें। मेरी आवाज को अपनी आवाज बनने दो... अपने पैर की उंगलियों को पूरी तरह से आराम दें। अपना सारा ध्यान अपने पैरों में केंद्रित करें। जाने दो।।।। आपके पैरों की सभी मांसपेशियां... अब उन्हें आराम देने पर ध्यान दें..... आपके निचले पैर... और आपके ऊपरी पैर.... अब अपने कूल्हों को आराम देने पर ध्यान दें।. आपका पेट का निचला हिस्सा... और आपका पेट...। अपनी पीठ के निचले हिस्से को आराम दें... अपनी छाती को आराम दें... और आपकी ऊपरी पीठ.... सो नहीं रहा है.... अभी भी जो कुछ भी हो रहा है उसके बारे में बहुत जागरूक हैं... मेरी आवाज को स्पष्ट रूप से सुनने में सक्षम... अब अपने कंधों और गर्दन की सभी मांसपेशियों को आराम दें।. अपनी बाहों को आराम दें... आपकी उंगलियों तक सभी तरह से.... अब अपने जबड़े को आराम देने पर ध्यान दें... इसे स्वतंत्र रूप से आराम दें... अपनी जीभ को आराम दें... अब अपने चेहरे की सभी मांसपेशियों को आराम दें... आपका मुंह.... आपकी आँखें... आपका जबड़ा.... और आपका माथा...। अब आप बहुत आराम कर रहे हैं... वास्तविकता के संपर्क से बाहर नहीं। मैं जो कुछ भी कह रहा हूं उसके अनुरूप है। अपने परिवेश के बारे में पूरी तरह से जागरूक...

बस बहुत, बहुत गहराई से आराम ... अब, आप गहरी शारीरिक विश्राम के स्तर पर पहुंच गए हैं।

आइए गहन मानसिक विश्राम पर ध्यान केंद्रित करें।. मानसिक विश्राम के लिए, मैं धीरे-धीरे 100 से 98 तक गिनूंगा, ताकि आप प्रत्येक संख्या के साथ अपने विश्राम को दोगुना कर सकें। जब आप 98 तक पहुंच जाते हैं, तो बस संख्या को गायब होने दें। हम जा रहे हैं।।।। 100....अब अपने विश्राम को दोगुना करें, बस जाने दो .... 99....अपने विश्राम को फिर से दोगुना करें, अब और भी अधिक आराम से.... 98....अपने विश्राम का समय दोगुना करें.... अब संख्याओं को गायब होने दें... उन्हें गायब होने दो... यह विश्राम का एक अच्छा चरण है। वास्तविकता के संपर्क से बाहर नहीं ... मैं जो कुछ भी कह रहा हूं उसके साथ गहराई से तालमेल बिठाता हूं। अपने परिवेश के बारे में पूरी तरह से जागरूक... बस मेरी आवाज पर बहुत इरादा... सभी शोरों को अपना ध्यान बढ़ाने की अनुमति देना।. मानसिक रूप से निम्नलिखित प्रतिज्ञान दोहराएं:

मन के प्रांत में, मैं असीमित हूं।

(6 बार और दोहराएं)

अगली बार जब आप ध्यान में जाएंगे, तो आप और भी गहराई में जाएंगे... यह और भी बेहतर काम करेगा... तेजी से।।।। गहरा।

अब, आप अपने आप के उच्च पक्ष में चले जाएंगे ... शुद्ध आत्मा.... प्रकाश का एक प्राणी.... आप अपने शरीर नहीं हैं। अपना ध्यान अपने पैर की उंगलियों में केंद्रित करें। ध्यान दें कि आपके पास पैर की उंगलियां हैं... और वे आराम से हैं... लेकिन आप अपने पैर की उंगलियों नहीं हैं... अब अपने पैरों पर ध्यान दें... और आपके निचले पैर.... और आपके ऊपरी पैर.... तुम भी ये नहीं हो... जैसे-जैसे आप अधिक से अधिक

आराम करते हैं, अपना ध्यान मेरी आवाज पर केंद्रित करें। ध्यान दें कि आपके पास कूल्हे हैं, लेकिन आप अपने कूल्हे नहीं हैं .... अपने पेट पर ध्यान दें... आपकी छाती.... और आपकी सांस.... अंदर और बाहर जाना। तुम अपने पेट नहीं हो... और तुम अपनी छाती नहीं हो...। और आप अपनी सांस नहीं ले रहे हैं। अपनी पूरी पीठ पर ध्यान दें... आप भी वह नहीं हैं। अपने कंधों पर ध्यान दें... आप जानते हैं कि वे वहां हैं ... वे तुम्हारा हैं... लेकिन आप अपने कंधे नहीं हैं... और तुम भी अपनी भुजाएँ नहीं हो। ध्यान दें कि आपके पास एक गर्दन है .... लेकिन तुम अपनी गर्दन नहीं हो... अब अपनी चेतना को अपने जबड़े पर स्विच करें ... आप अपने जबड़े नहीं हैं। तुम अपनी जीभ नहीं हो... न ही आप अपने चेहरे की सभी मांसपेशियां हैं........ अपनी नाक सहित... आपकी आँखें.......... और तुम्हारा मुंह.... आप वे नहीं हैं ... अब अपने विचारों पर ध्यान दें... और आपके पास विचार हैं ... लेकिन आप अपने विचार नहीं हैं... अब और भी गहराई में जाओ .... मुझे अपना पूरा ध्यान दो... मेरी आवाज पर ध्यान केंद्रित करो।

अब प्यार की भावनाओं और मजबूत सकारात्मक विचारों के साथ अपनी कंपन दर बढ़ाने का समय आ गया है। आप अपने आप को एक सुंदर सुरक्षात्मक सफेद रोशनी से घेरकर ऐसा कर सकते हैं। यह सफेद रोशनी सत्य का प्रतिनिधित्व करती है। माफी...। स्रोत की आपकी आदर्श अवधारणा, और वह सब अच्छा है। इस सफेद रोशनी को अब अपने दिल में चमकने की कल्पना करें।

इस सफेद रोशनी को अपने दिल के भीतर चमकने दें। इसे बढ़ने दीजिए। इसकी गर्मी और पवित्रता को महसूस करें। इसे अपने दिल से फैलने और विकीर्ण होने दें ताकि यह आपके शरीर को ढक ले। पूरी तरह से आपको शुद्ध, जीवंत सफेद रोशनी के कोकून में घेर लिया गया है।. यह सफेद रोशनी स्रोत

की सही उपस्थिति है। आप वास्तव में इसे देख सकते हैं ... इसे महसूस करो...। या इसे महसूस करें...। लेकिन आपको वास्तव में बस इतना करना है कि यह वहां होने के लिए जानना है। यह हमेशा आपके साथ रहेगा। अब आपके पास सुरक्षात्मक सफेद रोशनी है ताकि आपका अवचेतन मन केवल उन सुझावों के लिए खुला रहे जो आपके लिए सहायक और फायदेमंद हों..... अपने आप को सफेद रोशनी में नहलाएं... ध्यान दें कि आप प्रकाश हैं... आप शुद्ध आत्मा हैं ... स्रोत का एक प्रिय बच्चा.... समय और स्थान से परे। अपने प्रकाश को विस्तारित महसूस करें .... अपने प्रकाश को अनंत में उत्सर्जित करें...

आप शुद्ध प्रकाश हैं... बिना शर्त शुद्ध प्यार.... शुद्ध करुणा.... शुद्ध क्षमा। आप परे हैं... आप ब्रह्मांड के साथ एक हैं।

छात्र को आकर्षित करें:

एक. *जबकि छात्र अपने "हुई यिन" को पकड़ता है, राकू प्रतीक के साथ अपना मुकुट चक्र खोलता है, फिर रेकी स्तर 2 - सेई हे की प्रतीक को अपने मुकुट, हृदय और हथेलियों में खींचता है।*

दो. अब, छात्र "गुर्दे की सांस" लेता है।

तीन. *राकू प्रतीक के साथ उनके मुकुट को बंद करें...*

चार. *फिर, ध्यान का दूसरा भाग जारी रखें...*

रेकी स्तर 2 प्रतीक

प्रतीकों को कैसे लिखा जाता है, इसकी विविधताओं के बारे में चिंतित न हों। कई जापानी प्रतीक हैं, और कई रेकी मास्टर्स हैं जो कई अन्य प्रतीकों का उपयोग करते हैं।

एक जापानी प्रतीक एबीसी में लिखित शब्द के समान है। इसमें इरादे की समान शक्ति है। इससे कोई फर्क नहीं पड़ेगा कि आप प्रतीक बनाते हैं, शब्द लिखते हैं, या इसे अंग्रेजी, जापानी या किसी अन्य भाषा में जोर से कहते हैं। यह सब आत्मा में अपने रेकी मास्टर के लिए एक ही होगा. आप की ऊर्जा का उपयोग क्यों करने जा रहे हैं, इसका इरादा रखने के लिए अपना पसंदीदा तरीका चुनें।

रेकी प्रतीकों का उपयोग करना: सेई हे की और माननीय शा ज़े शो नेन

रेकी प्रतीक जैसे होन शा ज़े शो नेन और सेई हे की ऊर्जा उपचार में शक्तिशाली उपकरण हैं, और एक सत्र के दौरान उनका उपयोग करने के कई तरीके हैं। इनमें से कोई भी तरीका रेकी प्रतीक और उसकी ऊर्जा को जगा सकता है। यहां बताया गया है कि कोई व्यक्ति इन प्रतीकों को प्रभावी ढंग से कैसे कह सकता है, सोच सकता है, देख सकता है या आकर्षित कर सकता है:

प्रतीक कहना

कहो-हे-कुंजी:

- मौखिक आह्वान: भावनात्मक और मानसिक उपचार पर ध्यान केंद्रित करने के लिए "सेई हे की" कहें। नाम दोहराने से इरादे को एम्बेड करने में मदद मिलती है।

- पुष्टि: "सेई हे की, सद्भाव और संतुलन लाओ" या "सेई हे की, भावनात्मक रुकावटों को दूर करने में मदद करें" जैसे वाक्यांशों का प्रयोग करें।

माननीय शा ज़े शो नेन (Hon-Sha-Zee-Show-Nen):

- मौखिक आह्वान: दूर के उपचार के लिए इसकी शक्ति को सक्रिय करने के लिए "माननीय शा ज़े शो नेन" ज़ोर से कहें। ऊर्जा बढ़ाने के लिए इसे कई बार दोहराएं।
- पुष्टि: "होन शा ज़े शो नेन, मुझे समय और स्थान से जोड़ें" या "माननीय शा ज़े शो नेन, [विशिष्ट व्यक्ति/घटना] को उपचार ऊर्जा भेजें" जैसे वाक्यांशों का उपयोग करें।

प्रतीकों के बारे में सोचना

सेई हे की:

- मानसिक विज़ुअलाइज़ेशन: अपने दिमाग में सेई हे की प्रतीक को स्पष्ट रूप से देखें। ऊर्ध्वाधर रेखा और प्रतिच्छेदी तरंग जैसी रेखा की कल्पना करें।
- फोकस: प्रतीक और उसके इरादे के बारे में सोचें, यह कल्पना करें कि यह भावनात्मक और मानसिक ऊर्जाओं को संतुलित करता है।

माननीय शा ज़े शो नेन:

- मानसिक विज़ुअलाइज़ेशन: अपने दिमाग की आंखों में Hon Sha Ze Sho Nen प्रतीक की कल्पना करें। इसे मानसिक रूप से चित्रित करने की कल्पना करें, ऊपर से शुरू करें और विशिष्ट कांजी पैटर्न का पालन करें।
- फोकस: प्रतीक और उसके उद्देश्य पर ध्यान केंद्रित करें, इसकी कल्पना करें और आपको समय और स्थान के साथ प्राप्तकर्ता से जोड़ें।

प्रतीकों को देखना

सेई हे की:

- दृश्य सहायता: सत्रों के दौरान, सेई हे की प्रतीक की छवियों को पास में रखें। अपने दिमाग में प्रतीक की कल्पना करने में मदद करने के लिए इन छवियों को देखें।
- निर्देशित विज़ुअलाइज़ेशन: अपनी आँखें बंद करके, अपने दिमाग में प्रतीक देखें, चमकता हुआ और भावनात्मक और मानसिक स्थिति में सामंजस्य लाता है।

माननीय शा ज़े शो नेन:

- दृश्य सहायता: संदर्भ के रूप में Hon Sha Ze Sho Nen प्रतीक के चित्रों या आरेखों का उपयोग करें। अपना ध्यान केंद्रित करने के लिए उन्हें अपने उपचार स्थान पर रखें।
- निर्देशित विज़ुअलाइज़ेशन: अपनी आँखें बंद करें और कल्पना करें कि प्रतीक आपके सामने चमक रहा है, जो दूरी पर उपचार ऊर्जा बिखेरा रहा है।

प्रतीकों को चित्रित करना

सेई हे की:

- भौतिक ड्राइंग: अपने हाथ से हवा में या प्राप्तकर्ता के शरीर पर प्रतीक बनाएं। ऊर्ध्वाधर रेखा से शुरू करें और फिर तरंग जैसी प्रतिच्छेदी रेखा जोड़ें।
- पेपर ड्राइंग: अपना इरादा निर्धारित करने के लिए प्रतीक को कागज पर स्केच करें। उपचार सत्र के दौरान इस चित्र का उपयोग दृश्य सहायता के रूप में करें।
- बॉडी ड्राइंग: प्राप्तकर्ता के माथे, हृदय या भावनात्मक या मानसिक मुद्दों से जुड़े किसी भी क्षेत्र पर प्रतीक को चित्रित करने की कल्पना करें।

माननीय शा ज़े शो नेन:

- भौतिक ड्राइंग: हवा में या प्राप्तकर्ता के शरीर पर प्रतीक खींचने के लिए अपने हाथ का उपयोग करें। कांजी पैटर्न के ऊपर से शुरू करें और प्रत्येक भाग को इरादे से बनाएं।
- पेपर ड्राइंग: सत्र से पहले, अपने इरादे पर ध्यान केंद्रित करने के लिए कागज के एक टुकड़े पर प्रतीक बनाएं। इस ड्राइंग को उस क्षेत्र पर या उसके पास रखें जहां दूर के उपचार की आवश्यकता हो।
- बॉडी ड्राइंग: प्राप्तकर्ता के शरीर पर, चक्रों के ऊपर, या उस विशिष्ट क्षेत्र पर प्रतीक खींचने की कल्पना करें जिसे उपचार की आवश्यकता है, भले ही वे बहुत दूर हों।

रेकी प्रतीकों का उपयोग करने के लाभ

- बढ़ी हुई उपचार शक्ति: रेकी प्रतीकों का उपयोग उपचार ऊर्जा को बढ़ा सकता है, जिससे प्राप्तकर्ता के लिए सत्र अधिक प्रभावी हो जाता है।
- बहुमुखी प्रतिभा: रेकी प्रतीक दूरियों (माननीय शा ज़े शो नेन) में उपचार की अनुमति देते हैं और विशिष्ट भावनात्मक और मानसिक मुद्दों (सेई हे की) को लक्षित करते हैं, जो अनुप्रयोगों की एक विस्तृत श्रृंखला प्रदान करते हैं।
- गहरा इरादा: प्रतीकों का उपयोग अभ्यासकर्ताओं को अपने इरादों को अधिक स्पष्ट रूप से केंद्रित करने में मदद करता है, जिससे उपचार सत्र की समग्र प्रभावशीलता बढ़ जाती है।
- भावनात्मक और मानसिक संतुलन: सेई हे की विशेष रूप से भावनाओं को संतुलित करने और मानसिक रुकावटों को दूर करने, मानसिक स्पष्टता और भावनात्मक स्थिरता को बढ़ावा देने में सहायता करता है।
- समय और स्थान के पार कनेक्शन: माननीय शा ज़े शो नेन दूर के उपचार की अनुमति देता है, जिससे व्यक्तियों, घटनाओं या

स्थितियों में रेकी ऊर्जा भेजना संभव हो जाता है, चाहे उनकी भौतिक स्थिति कुछ भी हो।

- समग्र उपचार: इन प्रतीकों के उपयोग को मिलाने से कल्याण के शारीरिक, भावनात्मक, मानसिक और आध्यात्मिक पहलुओं को संबोधित किया जा सकता है, जिससे अधिक व्यापक उपचार अनुभव मिलता है।

व्यावहारिक सुझाव

संयोजन: अधिक शक्तिशाली प्रभाव के लिए कहने, सोचने, देखने और चित्र बनाने के संयोजन का उपयोग करें। उदाहरण के लिए, प्रतीक को देखते समय और उसे चित्रित करते समय उसका नाम कहें।

इरादा: प्रतीकों का उपयोग करने से पहले हमेशा एक स्पष्ट इरादा निर्धारित करें। यह ऊर्जा को केंद्रित करता है और उपचार प्रक्रिया को बढ़ाता है।

अभ्यास: प्रतीकों के साथ नियमित अभ्यास से उन्हें प्रभावी ढंग से उपयोग करने की आपकी क्षमता मजबूत होगी। उनकी ऊर्जा से अधिक परिचित और सहज बनने के लिए उन्हें अपनी दिनचर्या में शामिल करें।

इन तकनीकों का नियमित रूप से अभ्यास करने से प्रतीकों के साथ आपका संबंध गहरा होगा और आपके रेकी अभ्यास में वृद्धि होगी।

सेई हे की *(हे कुंजी कहो)* रेकी प्रतीक

सेई हे की, जिसका उच्चारण "हे की कहो" किया जाता है, एक और महत्वपूर्ण रेकी प्रतीक है जिसका उपयोग मुख्य रूप से भावनात्मक और मानसिक उपचार के लिए किया जाता है। इसे अक्सर सद्भाव प्रतीक या मानसिक/भावनात्मक प्रतीक के रूप में जाना जाता है। यह प्रतीक मस्तिष्क के दाएं और बाएं पक्षों को संतुलित करने में मदद करता है, मानसिक स्पष्टता और भावनात्मक स्थिरता को बढ़ावा देता है।

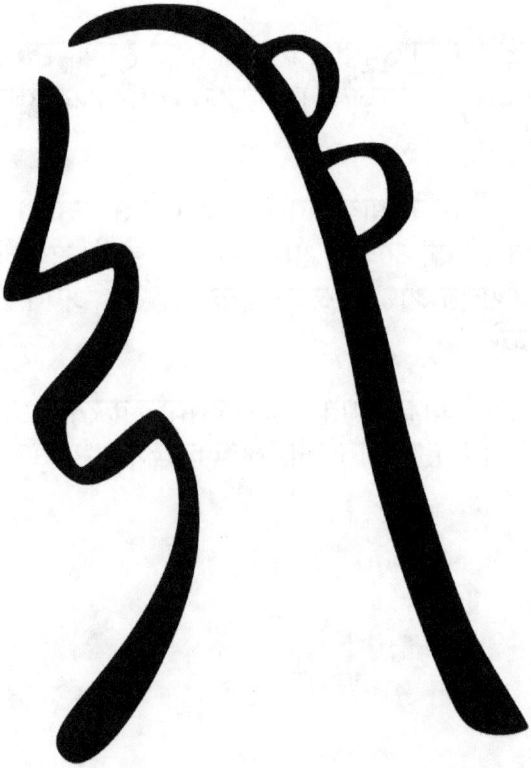

या क़िस्म

सेई हे की प्रतीक एक लहर या बग़ल में बिजली के बोल्ट की तरह दिखता है जो एक ऊर्ध्वाधर रेखा से प्रतिच्छेद होता है। कुछ लोग इसे मस्तिष्क के दो गोलार्द्धों या मन और शरीर के बीच सामंजस्य का प्रतिनिधित्व करने के रूप में व्याख्या करते हैं। प्रतीक जटिल है और इसके उपचार गुणों को लागू करने के लिए रेकी सत्र के दौरान इसकी कल्पना या चित्र बनाया जा सकता है।

भावनात्मक और मानसिक उपचार में उपयोग

सेई हे की का विशेष रूप से उपयोग किया जाता है:

एक) भावनात्मक संतुलन: यह भावनात्मक संकट को दूर करने, शांति और शांति को बढ़ावा देने में मदद करता है। इसका उपयोग चिंता, अवसाद और भावनात्मक आघात जैसे मुद्दों को संबोधित करने के लिए किया जा सकता है।

दो) मानसिक स्पष्टता: यह मानसिक रुकावटों को दूर करने, ध्यान और एकाग्रता बढ़ाने में सहायता करता है। यह उन लोगों के लिए विशेष रूप से उपयोगी है जो तनाव, भ्रम या मानसिक थकान से जूझ रहे हैं।

तीन) व्यसन और नकारात्मक आदतें: यह अंतर्निहित भावनात्मक और मानसिक कारणों को संबोधित करके नकारात्मक आदतों और व्यसनों से मुक्त होने का समर्थन करता है।

चार) रिश्ते: इसका उपयोग बेहतर संचार और समझ को बढ़ावा देकर रिश्तों को ठीक करने और सुधारने के लिए किया जा सकता है।

उपचार सत्र में सेई हे की का उपयोग कैसे करें

एक) तैयारी: किसी भी रेकी सत्र की तरह, अपने आप को केंद्रित करके और रेकी ऊर्जा से जुड़कर शुरुआत करें।

भावनात्मक या मानसिक उपचार के लिए एक स्पष्ट इरादा निर्धारित करें।

दो) प्रतीक बनाना: ग्राहक के शरीर पर, हवा में या मानसिक रूप से सेई हे की प्रतीक की कल्पना करें या बनाएं। ऊर्ध्वाधर रेखा से शुरू करें, फिर इसे प्रतिच्छेद करने वाली तरंग जैसी क्षैतिज रेखा खींचें।

तीन) मुद्दे पर ध्यान केंद्रित करना: उस विशिष्ट भावनात्मक या मानसिक मुद्दे पर ध्यान केंद्रित करें जिसे उपचार की आवश्यकता है। इरादे को अपने मन में स्पष्ट रूप से रखें।

चार) चैनलिंग ऊर्जा: रेकी ऊर्जा को अपने हाथों से चैनल करें, जिससे सेई हे की प्रतीक ऊर्जा को मस्तिष्क या शरीर के उन क्षेत्रों में निर्देशित कर सके जहां इसकी आवश्यकता होती है।

पाँच) पुष्टि और विज़ुअलाइज़ेशन: उपचार प्रक्रिया को बढ़ाने के लिए सकारात्मक पुष्टि और विज़ुअलाइज़ेशन तकनीकों का उपयोग करें। कल्पना कीजिए कि नकारात्मक भावनाओं या विचारों को दूर किया जा रहा है और सकारात्मक, सामंजस्यपूर्ण ऊर्जा से बदल दिया जा रहा है।

सेई हे की का उपयोग करने के लाभ

- भावनात्मक मुक्ति: दबी हुई भावनाओं को दूर करने में मदद करता है, राहत और शांति की भावना प्रदान करता है।
- मानसिक स्पष्टता: फोकस और मानसिक तीक्ष्णता में सुधार करता है, बेहतर निर्णय लेने और समस्या-समाधान में सहायता करता है।
- तनाव में कमी: तनाव और चिंता को कम करता है, समग्र मानसिक कल्याण को बढ़ावा देता है।
- बेहतर रिश्ते: भावनात्मक रुकावटों को दूर करके और संचार में सुधार करके बेहतर पारस्परिक संबंधों को बढ़ावा देता है।

व्यावहारिक अनुप्रयोगों

- दैनिक अभ्यास: अभ्यासकर्ता भावनात्मक और मानसिक संतुलन बनाए रखने के लिए प्रतिदिन खुद पर सेई हे की का उपयोग कर सकते हैं।
- हीलिंग सत्र: ग्राहकों को भावनात्मक और मानसिक मुद्दों से निपटने में मदद करने के लिए रेकी सत्रों में सेई हे की को शामिल करें।
- दूरस्थ उपचार: प्रतीक का उपयोग दूरस्थ उपचार में किसी ऐसे व्यक्ति को भावनात्मक और मानसिक उपचार ऊर्जा भेजने के लिए किया जा सकता है जो शारीरिक रूप से मौजूद नहीं है।
- पुष्टि: बेहतर प्रभावों के लिए प्रतीक को सकारात्मक पुष्टि के साथ मिलाएं।

सेई हे की रेकी में एक शक्तिशाली प्रतीक है, जो भावनात्मक और मानसिक उपचार के लिए समर्पित है। इस प्रतीक का उपयोग करके, चिकित्सक ग्राहकों को भावनात्मक संतुलन, मानसिक स्पष्टता और समग्र कल्याण प्राप्त करने में मदद कर सकते हैं। सेई हे की को समझना और प्रभावी ढंग से उपयोग करना उपचार प्रक्रिया को महत्वपूर्ण रूप से बढ़ा सकता है, जिससे चिकित्सक और प्राप्तकर्ता दोनों के लिए गहरा लाभ मिलता है।

सेई हे की रेकी मंत्र

सेई हे की (उच्चारण "से-हे-की") रेकी लेवल 2 (ओकुडेन) में उपयोग किए जाने वाले पवित्र प्रतीकों में से एक है। इसे भावनात्मक और मानसिक उपचार प्रतीक के रूप में जाना जाता है, जो मन और भावनाओं को संतुलित करने में मदद करता है। सेई हे की से जुड़ा मंत्र इसकी उपचार शक्ति और प्रभावशीलता को बढ़ाता है।

सेई हे की का अर्थ और उद्देश्य

- भावनात्मक संतुलन: सेई हे की का उपयोग मुख्य रूप से भावनात्मक और मानसिक मुद्दों को ठीक करने के लिए किया जाता है। यह भावनात्मक रुकावटों को दूर करने,

तनाव को कम करने और मानसिक स्पष्टता को बढ़ावा देने में मदद करता है।

- सद्भाव और सुरक्षाः यह प्रतीक भावनात्मक और मानसिक स्थितियों में सामंजस्य लाता है और नकारात्मक ऊर्जाओं और प्रभावों से सुरक्षा प्रदान करता है।
- याददाश्त में वृद्धिः सेई हे की का उपयोग याददाश्त बढ़ाने और सीखने की प्रक्रिया में सुधार करने के लिए भी किया जा सकता है।

सेई हे की मंत्र का उपयोग कैसे करें

एक. प्रतीक बनानाः

- सेई हे की प्रतीक एक विशिष्ट तरीके से खींचा जाता है, आमतौर पर एक ऊर्ध्वाधर रेखा से शुरू होता है, इसके बाद तरंग जैसी रेखाओं की एक श्रृंखला इसे काटती है। मंत्र का उपयोग करते समय प्रतीक को विज़ुअलाइज़ करना या शारीरिक रूप से चित्रित करना इसकी शक्ति को बढ़ा सकता है।

दो. मंत्र का जापः

- दोहरावः मंत्र "सेई हे की" को चुपचाप या जोर से दोहराएं। इसका कई बार जाप करने से प्रतीक की ऊर्जा को सक्रिय करने और अपने इरादे पर ध्यान केंद्रित करने में मदद मिलती है।
- फोकसः जब आप जप करते हैं, तो उस क्षेत्र पर ध्यान केंद्रित करें जिसे भावनात्मक या मानसिक उपचार की आवश्यकता है। इस क्षेत्र में बहने वाली उपचार ऊर्जा की कल्पना करें, जो संतुलन और सद्भाव लाती है।

तीन. ध्यानः

- ध्यान की तैयारी करेंः आरामदायक स्थिति में बैठें या लेट जाएं। आराम करने के लिए अपनी आँखें बंद करें और कुछ गहरी साँसें लें।

- प्रतीक की कल्पना करें: अपने दिमाग की आंखों में सेई हे की प्रतीक की कल्पना करें। कल्पना कीजिए कि यह तेज रोशनी से चमक रहा है।
- मंत्र का जाप करें: धीरे-धीरे और जानबूझकर "सेई हे की" का जाप शुरू करें। ध्वनि को अपने भीतर गूंजने दें, इससे मिलने वाली ऊर्जा को महसूस करें।
- जानबूझकर फोकस: मंत्र की ऊर्जा को अपनी भावनात्मक और मानसिक स्थिति की ओर या किसी विशिष्ट स्थिति या उपचार की आवश्यकता वाले व्यक्ति की ओर निर्देशित करें।

चार. उपचार सत्र:

- स्व-उपचार: अपने हाथों को अपने शरीर के उन क्षेत्रों पर रखें जहां आप भावनात्मक या मानसिक परेशानी महसूस करते हैं। "सेई हे की" का जाप करें और इन क्षेत्रों में प्रवेश करने और उपचार करने वाले प्रतीक की कल्पना करें।
- दूसरों को ठीक करना: दूसरों को रेकी प्रदान करते समय, प्राप्तकर्ता के शरीर या प्रभावित क्षेत्र पर सेई हे की प्रतीक बनाएं। व्यक्ति में प्रतीक की ऊर्जा प्रवाहित होने की कल्पना करते हुए मंत्र का जाप करें, जिससे भावनात्मक और मानसिक संतुलन आएगा।

सेई हे की मंत्र का उपयोग करने के लाभ

एक. भावनात्मक रिहाई:

- संग्रहीत भावनात्मक दर्द और आघात को दूर करने में मदद करता है, भावनात्मक स्वतंत्रता और कल्याण को बढ़ावा देता है।

दो. मानसिक स्पष्टता:

- मानसिक अव्यवस्था को कम करता है और विचार की स्पष्टता को बढ़ाता है, निर्णय लेने और समस्या-समाधान में सहायता करता है।

तीन. तनाव में कमी:
- मन को शांत करता है और तनाव को कम करता है, शांति और विश्राम की भावना को बढ़ावा देता है।

चार. उन्नत उपचार:
- रेकी के उपचार प्रभावों को बढ़ाता है, विशेष रूप से भावनात्मक और मानसिक मुद्दों को संबोधित करने में।

पाँच. आध्यात्मिक सुरक्षा:
- नकारात्मक ऊर्जाओं के खिलाफ एक ढाल प्रदान करता है, आपकी भावनात्मक और मानसिक स्थिति की रक्षा करता है।

सेई हे की मंत्र को अपने रेकी अभ्यास में शामिल करके, आप भावनात्मक और मानसिक असंतुलन को दूर करने की अपनी क्षमता को महत्वपूर्ण रूप से बढ़ा सकते हैं, एक गहरा और अधिक समग्र उपचार अनुभव प्रदान कर सकते हैं।

रेकी में सेई हे की प्रतीक से जुड़ा प्राथमिक मंत्र बस "सेई हे की" है, जिसका जाप प्रतीक की ऊर्जा और इरादे को सक्रिय करने के लिए किया जाता है। हालाँकि, चिकित्सक अक्सर प्रतीक के साथ अपने संबंध को गहरा करने और इसके उपचार प्रभावों को बढ़ाने के लिए पुष्टि और अतिरिक्त वाक्यांशों का उपयोग करते हैं। यहां कुछ उदाहरण दिए गए हैं कि आप संबंधित पुष्टि के साथ सेई हे की मंत्र का विस्तार कैसे कर सकते हैं:

विस्तारित सेई हे की मंत्र और पुष्टि

एक. मूल मंत्र:

अ. "सेई हे की": प्रतीक के नाम का जाप करना। यह सबसे सीधा और आमतौर पर इस्तेमाल किया जाने वाला मंत्र है।

दो. भावनात्मक उपचार के लिए पुष्टि:

अ. "सेई हे की, मेरी भावनाओं में सद्भाव और संतुलन लाओ।

आ. "सेई हे की, मेरे भावनात्मक दर्द और आघात को दूर करने में मदद करें।

इ. "सेई हे की, मुझे शांति और भावनात्मक स्थिरता से भर दें।

तीन. मानसिक स्पष्टता के लिए पुष्टि:

अ. "सेई हे की, मेरा दिमाग साफ करो और मेरा ध्यान बढ़ाओ।

आ. "सेई हे की, मेरे विचारों में स्पष्टता और अंतर्दृष्टि लाओ।

इ. "सेई हे की, मुझे स्पष्ट रूप से सोचने और बुद्धिमान निर्णय लेने में मदद करें।

चार. सुरक्षा के लिए पुष्टि:

अ. "सेई हे की, मुझे नकारात्मक ऊर्जाओं और प्रभावों से बचाओ।

आ. "सेई हे की, मेरे मन और भावनाओं को नुकसान से बचाओ।

इ. "सेई हे की, मेरे चारों ओर प्रकाश का अवरोध पैदा करो।

पाँच. सद्भाव और संतुलन के लिए पुष्टि:

अ. "सेई हे की, मेरी भावनात्मक और मानसिक ऊर्जा को संतुलित करें।

आ. "सेई हे की, मेरे विचारों और भावनाओं में सामंजस्य स्थापित करें।

इ. "सेई हे की, मेरी आंतरिक दुनिया में संतुलन लाओ।

इन मंत्रों और प्रतिज्ञानों का उपयोग कैसे करें

एक. ध्यान:

अ. तैयार करें: एक शांत जगह खोजें, आराम से बैठें और अपनी आँखें बंद करें।

आ. कल्पना करें: अपने दिमाग की आंखों में सेई हे की प्रतीक की कल्पना करें, जो प्रकाश से चमकता है।

इ. जप करें और पुष्टि करें: "सेई हे की" जप से शुरुआत करें और फिर उपरोक्त में से किसी भी पुष्टि को शामिल करें जो आपकी आवश्यकताओं के अनुरूप हो। उदाहरण के लिए, "सेई हे की" का तीन बार जाप करें, उसके बाद "सेई हे की, मेरी भावनाओं में सद्भाव और संतुलन लाएं।

दो. रेकी सत्र के दौरान:

अ. स्व-उपचार: अपने हाथों को अपने शरीर के उन हिस्सों पर रखें जहां आप भावनात्मक या मानसिक संकट महसूस करते हैं - "सेई हे की" का जाप करें और उसके बाद एक प्रासंगिक पुष्टि करें।

आ. दूसरों को ठीक करना: दूसरों को रेकी देते समय, उनके शरीर या प्रभावित क्षेत्र पर सेई हे की प्रतीक बनाएं। "सेई हे की" का जाप करें और चुपचाप या जोर से एक पुष्टि करें जो उनकी जरूरतों को पूरा करती है।

तीन. दैनिक अभ्यास:

अ. सुबह की दिनचर्या: अपने दिन की शुरुआत "सेई हे की" का जाप करके करें और दिन के लिए सकारात्मक और संतुलित स्वर निर्धारित करने के लिए एक प्रतिज्ञान का पाठ करें।

चार. रात की दिनचर्या: अपने दिन का अंत सेई हे की ध्यान के साथ करें, पूरे दिन जमा हुए किसी भी भावनात्मक या मानसिक तनाव को दूर करने पर ध्यान केंद्रित करें।

उदाहरण मंत्र अभ्यास

एक. केंद्रित करने से शुरुआत करें:

अ. आराम से बैठें, अपनी आँखें बंद करें, और अपने आप को केंद्रित करने के लिए कई गहरी साँसें लें।

दो. प्रतीक का आह्वान करें:

अ. कल्पना करें कि सेई हे की प्रतीक आपके सामने या आपके भीतर चमक रहा है।

तीन. मंत्र का जाप करें:

अ. धीरे-धीरे और जानबूझकर "सेई हे की" का जाप करें, जिससे ध्वनि आपके भीतर गूंज सके।

चार. पुष्टि जोड़ें:

अ. प्रतिज्ञान के साथ जप का पालन करें। उदाहरण के लिए:

आ. "सेई हे की" (तीन बार दोहराएं)

इ. "सेई हे की, मेरी भावनाओं में सद्भाव और संतुलन लाओ।

पाँच. ऊर्जा को एकीकृत करें:

अ. एक पल के लिए मौन में बैठें, जिससे ऊर्जा और प्रतिज्ञान आपके अस्तित्व में एकीकृत हो सके।

इन विस्तारित मंत्रों और प्रतिज्ञानों को शामिल करने से सेई हे की प्रतीक के साथ आपके अभ्यास को गहरा किया जा सकता है, जिससे भावनात्मक उपचार, मानसिक स्पष्टता और सुरक्षा के लिए इसके लाभ बढ़ सकते हैं। यह दृष्टिकोण आपके रेकी सत्रों को अधिक शक्तिशाली बनाता है और आपकी विशिष्ट आवश्यकताओं या आपके ग्राहकों के अनुरूप बनाता है।

Hon Sha Ze Sho Nen: रेकी में दूर का उपचार प्रतीक

माननीय शा ज़े शो नेन, जो विशेष रूप से दूर के उपचार से जुड़ा हुआ है।

Hon Sha Ze Sho Nen क्या है?

Hon Sha Ze Sho Nen ("Hon-Sha-Zee-Show-Nen" के रूप में उच्चारित) रेकी में प्रमुख प्रतीकों में से एक है, जिसे रेकी प्रशिक्षण की दूसरी डिग्री (स्तर 2) में पेश किया गया है। इस प्रतीक का उपयोग समय और स्थान पर उपचार ऊर्जा भेजने के लिए किया जाता है, जिससे किसी ऐसे व्यक्ति पर रेकी उपचार करना संभव हो जाता है जो शारीरिक रूप से मौजूद नहीं है।

अर्थ और अनुवाद

माननीय शा ज़े शो नेन का सटीक अनुवाद अलग-अलग होता है, लेकिन इसकी व्याख्या अक्सर "मुझमें परमात्मा आप में परमात्मा का सम्मान करता है" या "कोई अतीत नहीं, कोई वर्तमान नहीं, कोई भविष्य नहीं" के रूप में किया जाता है। यह समय और स्थान के अतिक्रमण को दर्शाता है, जिससे चिकित्सक को किसी को, कहीं भी, किसी भी समय उपचार ऊर्जा भेजने की अनुमति मिलती है।

प्रतीक की उपस्थिति

Hon Sha Ze Sho Nen को आमतौर पर एक अद्वितीय पैटर्न में संयुक्त जापानी कांजी पात्रों की एक श्रृंखला के रूप में चित्रित किया जाता है। प्रतीक जटिल है और इसे सही ढंग से खींचने के लिए अभ्यास की आवश्यकता होती है। प्रतीक के प्रत्येक भाग के विशिष्ट अर्थ हैं और यह दूर के उपचार के विभिन्न पहलुओं का प्रतिनिधित्व करता है।

होन शा ज़े शो नेन (Hon Sha Ze Sho Nen in HINDI) के उपयोग

एक. दूर का उपचार: Hon Sha Ze Sho Nen का प्राथमिक उपयोग किसी ऐसे व्यक्ति को रेकी ऊर्जा भेजना है जो शारीरिक रूप से मौजूद नहीं है। इसमें अलग-अलग स्थानों, अतीत या भविष्य की स्थितियों या यहां तक कि स्वयं के लोगों को शामिल किया जा सकता है।

दो. पिछले आघात को ठीक करना: पिछली घटनाओं के लिए रेकी ऊर्जा भेजकर, चिकित्सकों का मानना है कि वे भावनात्मक घावों और आघातों को ठीक करने में मदद कर सकते हैं, जो वर्तमान को सकारात्मक रूप से प्रभावित कर सकते हैं।

तीन. भविष्य की घटनाएँ: रेकी ऊर्जा को भविष्य की घटनाओं के लिए भी भेजा जा सकता है, जैसे कि आगामी सर्जरी, नौकरी के लिए साक्षात्कार, या ऐसी कोई भी स्थिति जहां सकारात्मक ऊर्जा और परिणाम वांछित हों।

स्थितियाँ और रिश्ते: माननीय शा ज़े शो नेन का उपयोग उन स्थितियों या रिश्तों को उपचार ऊर्जा भेजने के लिए किया जा सकता है जिन्हें संतुलन और सद्भाव की आवश्यकता होती है, संघर्षों को हल करने और समझ में सुधार करने में मदद मिलती है।

Hon Sha Ze Sho Nen **का उपयोग कैसे करें**

एक. प्रतीक सक्रिय करें: अपने दिमाग में प्रतीक को चित्रित या कल्पना करके शुरुआत करें। रेकी चिकित्सकों को अक्सर सत्र शुरू करने से पहले हवा में या अपने हाथों पर प्रतीक बनाना सिखाया जाता है।

दो. अपना इरादा निर्धारित करें: उपचार सत्र के लिए अपना इरादा स्पष्ट रूप से बताएं। यह एक विशिष्ट व्यक्ति, घटना या स्थिति हो सकती है जिसके लिए आप ऊर्जा भेजना चाहते हैं।

तीन. विज़ुअलाइज़ेशन का उपयोग करें: उस व्यक्ति, घटना या स्थिति की कल्पना करें जिसे आप उपचार ऊर्जा भेज रहे हैं। कल्पना कीजिए कि रेकी ऊर्जा आपके हाथों से बह रही है और इच्छित प्राप्तकर्ता तक पहुंच रही है, उन्हें उपचार प्रकाश में ढक रही है।

चार. प्रतीक का आह्वान करें: प्रतीक का नाम, "होन शा ज़े शो नेन" कहें, या तो ज़ोर से या चुपचाप बोलें, ताकि इसकी शक्ति का आह्वान किया जा सके और दूर के प्राप्तकर्ता से जुड़ सकें।

पाँच. उपचार करें: जब तक आपको लगता है कि यह आवश्यक है, तब तक रेकी ऊर्जा भेजना जारी रखें। ऊर्जा के प्रवाह का मार्गदर्शन करने के लिए अपने अंतर्ज्ञान पर भरोसा करें।

Hon Sha Ze Sho Nen **का उपयोग करने के लाभ**

- लचीलापन: भौतिक उपस्थिति की आवश्यकता के बिना उपचार सत्र आयोजित करने की अनुमति देता है, जिससे यह उन लोगों के लिए सुलभ हो जाता है जो दूर हैं या व्यक्तिगत रूप से भाग लेने में असमर्थ हैं।
- समय पारगमन: पिछले आघातों और भविष्य की चिंताओं को ठीक करने में सक्षम बनाता है, समग्र भावनात्मक और मानसिक कल्याण को बढ़ावा देता है।
- सशक्तिकरण: चिकित्सकों को लोगों और स्थितियों की एक विस्तृत श्रृंखला को सहायता और उपचार प्रदान करने के लिए सशक्त बनाता है, जिससे रेकी के लाभों की पहुंच का विस्तार होता है।
- माननीय शा ज़े शो नेन रेकी में एक शक्तिशाली प्रतीक है, जो समय और स्थान पर उपचार ऊर्जा भेजने की क्षमता प्रदान करता है। इसका उपयोग व्यापक उपचार प्रदान करने, शारीरिक बीमारियों और भावनात्मक और मानसिक चुनौतियों को संबोधित करने के लिए एक चिकित्सक की क्षमता को काफी बढ़ा सकता है। इस प्रतीक को समझने और उपयोग करके, रेकी चिकित्सक विश्व स्तर पर अपने उपचार अभ्यास का विस्तार कर सकते हैं, दूरी की परवाह किए बिना दूसरों की मदद कर सकते हैं।

लेवल 2 एट्यूनमेंट मेडिटेशन का भाग "दो"

प्रतीकों को चित्रित करने के बाद इस दूसरे भाग को पढ़ें:

आत्मा में अपने रेकी मास्टर से मिलना

एक पल में, मैं आपको अपने सिर के केंद्र में, अपनी आंखों के पीछे एक गोलाकार कमरे में खुद को अनुभव करने के लिए कहने जा रहा हूं। इस गोलाकार कमरे में दरवाजे और खिड़कियां हैं जो सभी तरफ से बाहर निकलती हैं। प्रत्येक दरवाजा, प्रत्येक खिड़की, एक अलग गाइड की ओर ले जाती है। दरवाजों में से एक आत्मा में आपके रेकी मास्टर की ओर जाता है। मैं चाहता हूं कि अब आप अपने आप को गोलाकार कमरे में कल्पना करें। चारों ओर देखें और सभी दरवाजों और खिड़कियों का अनुभव करें। अपने आप से पूछें कि कौन सा दरवाजा आत्मा में आपके रेकी मास्टर की ओर जाता है। मैं चाहता हूं कि आप इसके पास जाएं और इसके सामने खड़े हों। इसे अपने लिए सबसे ज्वलंत रूप में अनुभव करने के लिए कहें। आप इसे देख सकते हैं... आप इसे महसूस कर सकते हैं... आप इसका विवरण सुन सकते हैं... या आप बस जान सकते हैं। दरवाजा कैसा दिखता है?........ यह कैसे खुलता है?.... अब, मैं चाहता हूं कि आप इस दरवाजे को किसी तरह से चिह्नित करें ताकि आपको हमेशा पता चल सके कि यह आत्मा में आपके रेकी मास्टर की ओर जाता है। आप उस पर एक प्रतीक लगा सकते हैं।. आप इस पर लिख सकते हैं... कुछ भी भी.... इस दरवाजे के दूसरी तरफ सुनहरी रोशनी से भरा एक गलियारा है। मैं चाहता हूं कि आप अब इस दरवाजे से चलें। दालान में कदम रखते हुए.... इसके नीचे चलना शुरू कर दिया ... आप पर धूप महसूस कर सकते हैं... आप चमकदार, चमचमाती परी धूल देख सकते हैं। आप एक स्वर या एक राग सुन सकते हैं .... और आप इतना अद्भुत महसूस करते हैं कि आप आत्मा में अपने रेकी मास्टर से मिलने के लिए अपने रास्ते पर हैं। फर्श पर जो कुछ भी है उस पर ध्यान दें... दीवारें...। या छत...। दालान के नीचे सभी तरह से चलो जब तक आप अगले दरवाजे तक नहीं पहुंच

जाते। इस दरवाजे के दूसरी तरफ आत्मा में अपने रेकी मास्टर आप से मिलने के लिए इंतजार कर रहा है .... हम अब अपने रेकी मास्टर के साथ एक सचेत अनुबंध करने के लिए जा रहे हैं .... मैं चाहता हूं कि आप मेरे बाद इन तीन चीजों के बारे में सोचें ... "आत्मा में मेरे रेकी मास्टर में उच्चतम स्तर की अखंडता संभव है। "आत्मा में मेरा रेकी मास्टर एक ऐसे रूप में आता है जिसे मैं आसानी से स्वीकार कर सकता हूं। "आत्मा में मेरा रेकी मास्टर उच्चतम स्तर पर है जिसके साथ मैं आसानी से संवाद कर सकता हूं। और कुछ भी जो आप जोड़ना चाहते हैं वह आपके लिए विशेष रूप से महत्वपूर्ण है। अब इस दरवाजे पर ध्यान दें... यह किस चीज से बना है?.... यह कैसे खुलता है?.... अब आत्मा में अपने रेकी मास्टर आप के लिए संभव सबसे ज्वलंत रूप में आने के लिए अनुमति देने के लिए दरवाजे के माध्यम से चलो.... तो आप इसे देख सकते हैं... इसे सुनो...। इसे महसूस करो...। या जान लें कि यह वहां है...। इसे इस तरह से बधाई दें कि आरामदायक लगे।. आप इसे गले लगा सकते हैं... नमस्ते कहो.... गज।।।। या अपना हाथ हिलाएं...। पूछें कि इसका नाम क्या है... यदि यह रूप बदलता रहता है, तो इसे एक आकार चुनने के लिए कहें।. पूछें कि रेकी में यह कदम उठाने के बारे में कैसा लगता है... कृपया पूछें कि आपके साथ काम करने में इसकी क्या जिम्मेदारियां होंगी ... आपको 1 डिग्री रेकी से जोड़ने में मेरी सहायता करने के लिए धन्यवाद। पूछें कि आप शरीर पर इस रेकी एट्यूनमेंट का अधिकतम लाभ कैसे उठा सकते हैं। मन.... आत्मा.... और भावनात्मक स्तर...। पूछें कि आप अपने अनुभव को बढ़ाने के लिए उन स्तरों में से प्रत्येक पर क्या कर सकते हैं। और कुछ और जो आप पूछना चाहते हैं ....

मैं चाहता हूं कि आप अब अलविदा कहने के लिए तैयार हो जाएं ... तो आगे बढ़ो...। अलविदा कहना।।।। उन्हें गले लगाना...। हाथ मिलाते हुए.... उन्हें नमन करते हुए.... जो भी उचित लगे.... दरवाजे पर वापस जा रहा है और सुनहरी रोशनी से भर गया गलियारा... अपने पीछे का दरवाज़ा बंद करना... दालान के नीचे वापस चलना शुरू कर रहा है .... आप पर सूरज की रोशनी महसूस कर रहा है .... चमकदार परी धूल

देखकर.... एक स्वर या एक राग सुनना .... इस अनुभव के बाद बहुत अच्छा लग रहा है.... फर्श पर कुछ भी देख रहा है .... दीवारें...। या छत...। अंत तक नीचे जाएं .... दरवाजे के माध्यम से वापस, गोलाकार कमरे में...। अपने पीछे का दरवाज़ा बंद करना...

मैं एक पल में तुम तीन गहरी साँसें लेने जा रहा हूँ... जैसे ही आप सांस लेते हैं, मैं चाहता हूं कि आप कल्पना करें कि 2 डिग्री रेकी ऊर्जा एक सेलुलर स्तर तक सभी तरह से नीचे जा रही है। जैसे ही आप सांस छोड़ते हैं, आपका इरादा हर कोशिका को डीएनए तक पुनः प्रोग्राम करने का होगा ताकि वह 2 डिग्री रेकी से जुड़ा हो सके.....

तो, रेकी ऊर्जा की उस 2 डिग्री में सांस लेना सेलुलर स्तर तक सभी तरह से नीचे ...। साँस छोड़ना, डीएनए के लिए हर सेल को प्रोग्राम करना 2 डिग्री रेकी ऊर्जा से भरा होना चाहिए। में साँस लेना, 2 डिग्री रेकी ऊर्जा सभी तरह से सेलुलर स्तर तक नीचे। साँस छोड़ते हुए, डीएनए तक हर कोशिका 2 डिग्री रेकी ऊर्जा के साथ ट्यून की जाती है ... और एक बार।।। 2 डिग्री रेकी ऊर्जा में सांस सभी तरह से सेलुलर स्तर के लिए नीचे.... सांस छोड़ते हुए, प्रत्येक कोशिका रेकी ऊर्जा की 2 डिग्री से जुड़ी होती है।

प्रत्येक छात्र अपने अनुभव के बारे में बात करें *(जो वे अपने रेकी मास्टर के रूप में मिले थे)।*

एक ग्राहक पर एक रेकी उपचार

रेकी सत्र विकल्पों के प्रकार:

एक. शारीरिक उपचार
दो. दूर का उपचार
अ) विज़ुअलाइज़ेशन
आ) पूरे शरीर अनुपस्थित उपचार हाथ
इ) सैंडविच उपचार
तीन. मानसिक उपचार
चार. भावनात्मक उपचार

उपचार कैसे दिया जाता है:

जबकि ग्राहक पूरी तरह से कपड़े पहने हुए लेटा होता है, व्यवसायी पहले अपने शरीर को सार्वभौमिक जीवन शक्ति ऊर्जा से भरता है, फिर "भेजता है" (वास्तव में, ग्राहक व्यवसायी से उस समय आवश्यक रेकी ऊर्जा की मात्रा खींचता है) अपने हाथों से ग्राहक के शरीर में ऊर्जा निकालता है।

यद्यपि व्यवसायी ग्राहक के शरीर के आगे और पीछे हाथ लगाने का एक बुनियादी पैटर्न करता है, रेकी की अपनी "बुद्धिमत्ता" है और शिथिलता के कारण और साइट की तलाश करता है, उपचार और इसे राहत देता है।

अरोमाथेरेपी, मोमबत्तियाँ और सुखदायक संगीत का उपयोग अक्सर रेकी उपचार को बढ़ाने के लिए किया जाता है। क्रिस्टल और पत्थरों को शक्तिशाली उपचार गुणों के लिए भी जाना जाता है और इसका उपयोग रेकी उपचार के दौरान किया जा सकता है।

पूरे शरीर के उपचार में लगभग 1 घंटा लगता है।

उपचार देने से पहले:

सुनिश्चित करें कि आपका ग्राहक सहज है; तकिए प्रदान करें, एक उनके सिर के लिए और एक उनके घुटनों के नीचे, और ठंडे होने की स्थिति में एक कंबल उपलब्ध रखें।

आपको ग्राहक को उपचार के दौरान उपयोग की जाने वाली हाथ की स्थिति का प्रदर्शन करने की आवश्यकता हो सकती है। उन्हें संभावित 21-दिवसीय सफाई के बारे में बताएं जो वे अनुभव करेंगे। हर किसी में एक जैसे लक्षण नहीं होते हैं। मेरे अनुभव में, केवल कुछ ही लोग प्रतिकूल दुष्प्रभावों का अनुभव करते हैं। मैं ग्राहक को बताता हूं कि यह संभव है लेकिन संभावना नहीं है।

उन्हें समझाएं कि उपचार के दौरान, वे विश्राम, गर्मी, ठंडक, झुनझुनी, उनके शरीर के माध्यम से चलने वाली ऊर्जा, भावनात्मक रिहाई और पिछले जीवन के अनुभवों में अंतर्दृष्टि का अनुभव कर सकते हैं। ***सुनिश्चित करें कि वे जानते हैं कि वे जो अनुभव करते हैं उस पर आपका कोई नियंत्रण नहीं है। उस समय जो चाहिए वह मिलता है।***

यदि ग्राहक को छू रहे हैं, तो इस बात से अवगत रहें कि आप कितने हाथ के दबाव का उपयोग करते हैं। आपके हाथों को आराम से और धीरे से ग्राहक के शरीर पर रखा जाना चाहिए। रेकी ऊर्जा कार्य करने के लिए आपको क्लाइंट को छूने की आवश्यकता नहीं है।

उन्हें बताएं कि आप सिर्फ उपचार चैनल हैं और वे अपने उपचार के लिए जिम्मेदार हैं।

रेकी प्रक्रिया

एक. अपने ग्राहक को मालिश की मेज पर मुंह करके लिटाएं। यदि वे चाहें तो उनके घुटनों के पीछे एक तकिया रखें। उन्हें कंबल से ढक दें। कुछ लोगों को छोटी आंख का तकिया पसंद होता है। यदि आप एक स्थान का उपयोग करने जा रहे हैं, तो सैनिटरी उद्देश्यों के लिए पहले एक मुड़ा हुआ क्लेनेक्स उनकी आंखों के ऊपर होना चाहिए।

दो. अपने आप को केंद्रित करें:

अ. कुछ गहरी साँस लें या जो भी तरीका आप अपने आप को केंद्रित करने और शांत करने के लिए उपयोग करते हैं।

आ. अपने हाथों को आपस में रगड़ें - इससे रेकी ऊर्जा आपके हाथों की सतह तक आ जाती है।

इ. इस उपचार में आपकी सहायता करने के लिए उनके उच्च स्व या उपचार मार्गदर्शक, अपने उच्च स्व और आत्मा में अपने रेकी मास्टर को बुलाएं।

जब आप 2 डिग्री या 3 डिग्री रेकी के अभ्यस्त हो गए हैं, तो आप उपयुक्त प्रतीक का भी उपयोग करेंगे। बस इसके बारे में सोचें, इसे ज़ोर से कहें, इसे ड्रा करें, या जो कुछ भी आप सहज महसूस करते हैं।

-यदि आप शारीरिक उपचार कर रहे हैं, तो चोकुरेई का उपयोग करें

-यदि आप दूरस्थ उपचार का उपयोग कर रहे हैं, तो माननीय शा ज़े शो नेन का उपयोग करें

-यदि आप मानसिक या भावनात्मक उपचार कर रहे हैं, तो सेई हे की का उपयोग करें

-यदि आप आध्यात्मिक उपचार कर रहे हैं, तो दाई को म्यो का उपयोग करें

ई. अपने आप से, कहें, "मैं पूछता हूं कि यह रेकी ऊर्जा मेरे माध्यम से उच्चतम स्तर पर प्रवाहित होती है जो मेरे ग्राहक और मेरे लिए फायदेमंद है।

ग्राहक के इलाज के लिए हाथ की स्थिति

उ. आगे और पीछे के लिए हाथ की स्थिति का पालन करें, जिससे ऊर्जा लगभग प्रवाहित हो सके। प्रत्येक स्थिति में तीन मिनट।

हर समय ग्राहक पर एक हाथ छोड़ दें या उस पर मँडराते रहें। यदि आप डिस्कनेक्ट करते हैं, तो अपने हाथों को फिर से एक साथ रगड़ें, उन्हें उस चक्र पर रखें जो आप कर रहे थे, और यदि आप 2 या 3 डिग्री पर हैं तो उपयुक्त प्रतीकों का उपयोग करें।

शरीर का अगला भाग

स्थिति #1 हाथों को आंखों पर धीरे से दबाएं - तीसरी आंख (6वीं) चक्र।

स्थिति #2 सिर के ऊपर हाथ - मुकुट (7वां) चक्र।

स्थिति #3 सिर के नीचे हाथ।

स्थिति #4 हाथ धीरे से गले को घुमाते हुए - गले का चक्र (5वां)

स्थिति #5 हाथों को "वी" फ्लैट में रखा जाता है या ऊपरी छाती पर मँडराता है।

स्थिति #6 हाथ प्रत्येक कंधे पर रखे गए हैं, उन्हें कपिंग करते हैं।

स्थिति #7 हथियार (प्रत्येक व्यक्तिगत रूप से) रेकी ऊर्जा को उनके कंधे से उनकी कलाई तक चलाने की कल्पना करें।

स्थिति #8 उनके हाथ को अपने बीच में सैंडविच करें - उनकी उंगलियों से नकारात्मक ऊर्जा को बाहर निकालें: दूसरी बांह पर #7 और #8 दोहराएं।

स्थिति #9 अपने हाथों को उनके दिल पर घुमाएं - हृदय (4 था) चक्र।

स्थिति #10 होवर हाथ, एक नाभि (नाभि बटन) के *ठीक ऊपर दूसरे के सामने* - सौर जाल (तीसरा) चक्र।

स्थिति #11 हाथ घुमाएं, एक दूसरे के सामने, नाभि के ठीक नीचे - प्लीहा (दूसरा) चक्र।

स्थिति #12 कमर से शुरू होने वाले "वी" में अपने हाथों को घुमाएं।

स्थिति #13 अपने हाथों को जननांगों के ऊपर घुमाएं - जड़ (पहला) चक्र।

स्थिति #14 कल्पना कीजिए कि रेकी ऊर्जा उनके कूल्हे से एक पैर से नीचे उनके टखने तक चल रही है।

स्थिति #15 पैरों को अपने हाथों के बीच सैंडविच करें और नकारात्मक ऊर्जा को दूर करें। दूसरे पैर पर #14 और #15 दोहराएं।

शरीर का पिछला भाग

सौर जाल (2) और स्प्लीन (3) चक्रों पर फिर से कनेक्ट करें, इस समय प्रतीकों का उपयोग करें।

स्थिति #1 "मानसिक समाशोधन" क्राउन (7वें) चक्र के ऊपर एक हाथ घुमाएं।

> दूसरे हाथ को पश्चकपाल रिज के पार रखें, जो पहले हाथ के लंबवत हो।
>
> फिर, क्राउन चक्र के ऊपर राकू, चोकुरेई और सेहेकी प्रतीकों को बनाएं, प्रत्येक प्रतीक के बाद क्राउन चक्र को धीरे से स्पर्श करें।
>
> "SEI HE KI" मंत्र को तीन बार बोलें।

फिर, अपने ग्राहक से कहें, "कुछ गहरी साँसें लें, और जब आप सांस छोड़ते हैं, तो अतीत या वर्तमान में किसी भी सीमा को छोड़ दें"।

स्थिति #2 अपने हाथों को गर्दन के पीछे घुमाएं, अपनी उंगलियां छूती हैं, एक पिरामिड बनाती हैं।

स्थिति #3 अपने हाथों को "वी" में कंधों से नीचे की ओर घुमाएं, तर्जनी को छूते हुए।

स्थिति #4 अपने हाथों को एक दूसरे के सामने, हृदय (4 वें) चक्र के ऊपर घुमाएं।

स्थिति #5 अपने हाथों को एक दूसरे के सामने, सौर जाल (तीसरा) चक्र के ऊपर घुमाएं।

स्थिति #6 अपने हाथों को एक दूसरे के सामने, प्लीहा (2) चक्र के ऊपर घुमाएं।

स्थिति #7 अपने हाथों को नितंबों के ऊपर "वी" में घुमाएं।

स्थिति #8 कल्पना कीजिए कि रेकी ऊर्जा उनके कूल्हे से एक पैर से नीचे उनके टखने तक चल रही है।

स्थिति #9 अपने हाथों को उनके पैरों के नीचे घुमाएं।

एक ग्राहक पर एक रेकी उपचार समाप्त करना

इससे पहले कि आप किसी ग्राहक से अपना हाथ हटा लें, यह सुझाव दिया जाता है कि आप निम्नलिखित कहें और करें:

एक. "मैं पूछता हूं कि यह रेकी ऊर्जा आपके शीर्ष को आपके नीचे के साथ, आपके सामने आपकी पीठ के साथ, आपके अंदर आपके बाहरी के साथ, आपके बाएं आपके दाएं के साथ, और आपके यिन को आपके

यांग के साथ ठीक करना, सामंजस्य स्थापित करना और संतुलित करना जारी रखेगा।

दो. "मैं यह भी पूछता हूं कि यह रेकी ऊर्जा आपके शरीर, मन, आत्मा और भावनाओं को ठीक करने, सामंजस्य स्थापित करने और संतुलित करने के लिए जारी रखती है यदि यह आपके सर्वोच्च अच्छे के लिए है।

अपनी ऊर्जा को उनसे अलग करने के लिए, अपने सामने एक बुलबुले की कल्पना करें।

पूछें कि कोई भी ऊर्जा जो आपने अनजाने में ली थी, वह उस बुलबुले में चली जाती है।

बुलबुले को बेअसर ऊर्जा में भंग करें (टीवी स्क्रीन पर स्थिर की कल्पना करें) और इसे पृथ्वी के केंद्र में भेजें। *यह ब्रह्मांड को यह स्पष्ट करने का एक तरीका है कि आप, व्यवसायी के रूप में, जानबूझकर या अनजाने में अपने ग्राहकों को "सामान" नहीं ले रहे हैं।*

तीन. चुपचाप अपने ग्राहक के उच्च स्व, अपने उच्च स्व और आत्मा में अपने रेकी मास्टर को धन्यवाद दें।

चार. अपने ग्राहक से हाथ हटा दें।

पाँच. अपने ग्राहक को समझाएं कि रेकी ऊर्जा अभी भी उनके अंदर है और उन्हें इसे सेलुलर स्तर तक ठीक होने की अनुमति देना जारी रखना चाहिए। *यदि आपको सत्र के दौरान कोई सहज ज्ञान प्राप्त हुआ है, तो आप उन्हें इसके बारे में बता सकते हैं।*

छः. उन्हें संभावित 21-दिवसीय सफाई के बारे में याद दिलाएं और विषाक्त पदार्थों को छोड़ने में मदद करने के लिए उन्हें खूब ताजा पानी पीने की सलाह दें।

सात. बता दें कि उपचार के बाद थोड़ा हल्का-फुल्का महसूस होना सामान्य है। *उन्हें पीने के लिए*

हाथ में थोड़ा पानी रखें, और उन्हें केंद्रित होने के लिए कुछ मिनट दें।

आठ. इसके अलावा, उन्हें बताएं कि यदि सत्र से कुछ भी सामने आता है जिसके बारे में वे बात करना चाहते हैं, तो बेझिझक कॉल करें।

दूर का उपचार

आप कल्पना कर सकते हैं कि व्यक्ति पूर्ण आकार में आपकी मालिश की मेज पर लेटा हुआ है, या आपके हाथ लगभग एक फुट की दूरी पर हैं और छवि है कि व्यक्ति आपकी हथेलियों के बीच है, या आपके प्रार्थना-आयोजित हाथों के बीच छोटे व्यक्ति की छवि है, या एक टेडी बियर या गुड़िया व्यक्ति का सरोगेट है या यहां तक कि व्यक्ति की एक तस्वीर का उपयोग किया जा सकता है।

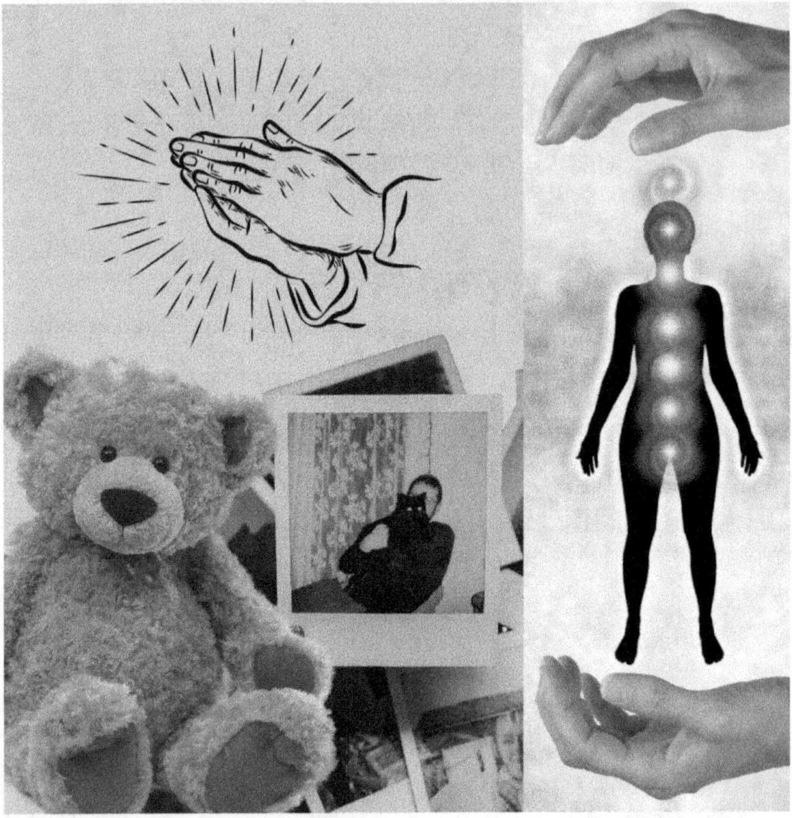

याद रखें कि आप कोई विशिष्ट परिणाम बनाने का प्रयास नहीं कर रहे हैं। जान लें कि रेकी सभी संबंधितों की भलाई के लिए काम करेगी।

कभी यह मत मानो कि कोई अन्य प्राणी चंगा होना चाहता है। यदि प्राप्तकर्ता रेकी ऊर्जा स्वीकार नहीं करता है, तो यह आपको वापस कर दी जाएगी।

हमेशा ऊर्जा और अपने इरादे का सम्मान करें।

दूरस्थ उपचार विज़ुअलाइज़ेशनः

1. अपने दिल को बिना शर्त प्यार और स्वीकृति से भरें। अपने हाथों को अपने दिल पर तब तक रखें जब तक आप पूरी तरह से शांत महसूस न करें और इस ऊर्जा से जुड़े हुए महसूस न करें।

2. कल्पना कीजिए कि आप एक सुनहरी रोशनी से भरे हुए हैं जो आपके पूरे शरीर को चार्ज करती है और उससे निकलती है। यह प्रकाश आपके शरीर को एक सुरक्षात्मक खोल की तरह घेरता है।

3. अब, उस व्यक्ति को "समझ" लें जिसे आप कुछ उपचार भेजना चाहते हैं। यदि आप दूसरी डिग्री के अभ्यस्त हैं, तो आप इस बिंदु पर दूर के उपचार के लिए प्रतीकों का उपयोग कर सकते हैं। एक बार जब व्यक्ति आपके मन की आंखों में दिखाई देता है, तो "वह, वह, या वे" सुनहरी रोशनी से घिरे होते हैं।

4. अब, विज़ुअलाइज़ेशन/कल्पना के माध्यम से, आप अपने हाथों की हथेलियों से प्रकाश ऊर्जा उस व्यक्ति को भेजते हैं जिसके साथ आपका इलाज किया जा रहा है। कल्पना कीजिए कि प्रकाश की दो लेजर जैसी किरणें आपकी हथेलियों से रिसीवर के शरीर में उपचार ऊर्जा के रूप में बहती हैं। आप उस व्यक्ति को प्रेमपूर्ण और उपचारात्मक विचार भेजने की भी कल्पना कर सकते हैं।

5. आपके और रिसीवर के बीच संबंध को तोड़ने के लिए, उस प्रकाश की कल्पना करें जो आप दोनों को घेरता है जो धीरे-धीरे शून्यता में फैल जाएगा।

पूरे शरीर की अनुपस्थिति का उपचार

1. ग्राहक की आत्मा को उपस्थित होने के लिए बुलाएं।

2. कल्पना कीजिए कि वे लगभग दो फीट लंबे हैं।

3. इस उपचार को सुविधाजनक बनाने में आपकी सहायता करने के लिए उनके हीलिंग गाइड और उच्च स्व और अपने उच्च स्व और आत्मा में रेकी मास्टर को बुलाएं।

4. उनके धड़ पर HON SHA ZA SHO NEN का पता लगाएं। उनकी नाभि के ऊपर एक राकू और चोकुरे करें।

5. पूछें कि रेकी ऊर्जा आपके माध्यम से उच्चतम संभव स्तर पर प्रवाहित होती है जो आपको और आपके ग्राहक को लाभ पहुंचाती है।

6. सामान्य हाथ की स्थिति के साथ आगे बढ़ें। नोट: चूंकि वे छोटे होते हैं, इसलिए पूरे शरीर को ढकने के लिए हाथ की स्थिति कम होगी।

7. उनकी आत्मा को उनके शरीर में वापस भेजें।

8. ग्राहक के हीलिंग गाइड और उच्च स्व और आत्मा में अपने उच्च स्व और रेकी मास्टर को धन्यवाद।

9. डिस्कनेक्ट करने के लिए, अपने सामने एक बुलबुले की कल्पना करें। पूछें कि आपके ग्राहक की कोई भी ऊर्जा जो आपने अनजाने में ली थी, वह उस बुलबुले में चली जाती है। बुलबुले को बेअसर ऊर्जा में घोलें और इसे पृथ्वी के केंद्र में भेजें।

हैंड सैंडविच उपचार

इसका उपयोग तब किया जाता है जब आपके पास पूरे शरीर के उपचार के लिए समय नहीं होता है।

1. अपने ग्राहकों से अनुमति मांगें।

2. उन्हें हथेली के आकार की कल्पना करें, और उन्हें अपने हाथ की हथेली में लेटने की कल्पना करें।

3. इस उपचार को सुविधाजनक बनाने में आपकी सहायता करने के लिए उनके उच्च स्व और हीलिंग गाइड और आत्मा में अपने उच्च स्व और रेकी मास्टर को बुलाएं।

4. फिर कहें, "मैं पूछता हूं कि यह रेकी ऊर्जा मेरे माध्यम से उच्चतम स्तर पर बहती है जो मुझे और ____(ग्राहक) को लाभ पहुंचाती है।

5. विजुअलाइज़्ड क्लाइंट के ऊपर HON SHA ZA SHO NEN, RAKU, CHOKUREI, और SEHEKI प्रतीकों को करें।

6. अपना हाथ उस हाथ पर रखें जिसमें आप उनकी कल्पना करते हैं। इस स्थिति में 10 से 15 मिनट तक रहें।

7. समापन में, उपचार के बाद पूरे शरीर के उपचार के लिए समापन किया जाता है।

"डिस्टेंट हीलिंग" की तकनीक का उपयोग करके, आप विशिष्ट समस्या क्षेत्रों में उपचार और प्रकाश भेज सकते हैं:

सामान्य अशांति के मामले में या आपदाओं या युद्धों के दौरान, आप रेकी को पूरी दुनिया में भेज सकते हैं या किसी विशिष्ट क्षेत्र पर ध्यान केंद्रित कर सकते हैं। "एक समूह में एक साथ रेकी एक अच्छा विचार है क्योंकि यह एक अधिक शक्तिशाली ऊर्जा क्षेत्र बनाता है।

कठिन या अनसुलझी स्थितियों को अपने या दूसरों के लिए हल किया जा सकता है।

आप अपने जीवन से पिछली दर्दनाक घटनाओं, जैसे बचपन के घाव, दुर्व्यवहार आदि पर भी काम कर सकते हैं और उन्हें ठीक कर सकते हैं।

"डिस्टेंट हीलिंग" जानवरों पर भी अच्छा काम करता है।

मानसिक या भावनात्मक रेकी सत्रों के दौरान रेकी व्यवसायी का मन और व्यक्तिगत मुद्दे

रेकी के चिकित्सक अपने ग्राहकों को उपचार ऊर्जा देने में महत्वपूर्ण भूमिका निभाते हैं। हालांकि, उनकी मानसिक और भावनात्मक स्थिति सत्र की प्रभावशीलता पर महत्वपूर्ण प्रभाव डाल सकती है। यहां बताया गया है कि मानसिक या भावनात्मक रेकी सत्र करते समय चिकित्सक अपने दिमाग और व्यक्तिगत मुद्दों का प्रबंधन कैसे कर सकते हैं।

व्यवसायी की मानसिक और भावनात्मक स्थिति का महत्व

एक. ऊर्जा हस्तांतरण

- रेकी चिकित्सक सार्वभौमिक जीवन शक्ति ऊर्जा के लिए नाली के रूप में कार्य करते हैं। उनकी मानसिक और भावनात्मक स्थिति चैनल की जा रही ऊर्जा की गुणवत्ता को प्रभावित कर सकती है।

- एक स्पष्ट और केंद्रित दिमाग यह सुनिश्चित करने में मदद करता है कि स्थानांतरित ऊर्जा शुद्ध और प्रभावी है।

दो. ग्राहक संवेदनशीलता

- रेकी प्राप्त करने वाले ग्राहक अक्सर संवेदनशीलता की बढ़ी हुई स्थिति में होते हैं और व्यवसायी की ऊर्जा को उठा सकते हैं। एक संतुलित और केंद्रित चिकित्सक अधिक शांत और उपचार अनुभव प्रदान कर सकता है।

चिकित्सकों के लिए अपने दिमाग और व्यक्तिगत मुद्दों को प्रबंधित करने के लिए रणनीतियाँ

एक. स्व-देखभाल और नियमित रेकी अभ्यास

- दैनिक स्व-रेकी: प्रतिदिन स्व-रेकी का अभ्यास करने से अभ्यासकर्ता के स्वयं के ऊर्जा संतुलन और मानसिक स्पष्टता को बनाए रखने में मदद मिलती है।
- अन्य चिकित्सकों के साथ नियमित सत्र: अन्य चिकित्सकों से रेकी प्राप्त करना चिकित्सक के व्यक्तिगत मुद्दों के लिए अतिरिक्त सहायता और उपचार प्रदान कर सकता है।

दो. माइंडफुलनेस और मेडिटेशन

- ध्यान अभ्यास: नियमित ध्यान मन को शांत करने, आत्म-जागरूकता बढ़ाने और तनाव को प्रबंधित करने में मदद करता है।
- माइंडफुलनेस तकनीक: पूरे दिन माइंडफुलनेस का अभ्यास करने से चिकित्सकों को सत्रों के दौरान उपस्थित और केंद्रित रहने में मदद मिल सकती है।

तीन. स्पष्ट इरादे निर्धारित करना

- प्रत्येक सत्र से पहले, चिकित्सकों को पूरी तरह से ग्राहक के उपचार पर ध्यान केंद्रित करने के लिए स्पष्ट

इरादे निर्धारित करने चाहिए। यह उनके मुद्दों और रेकी सत्र के बीच एक सीमा बनाने में मदद करता है।

- उदाहरण का इरादा: "मैं अपने मुवक्किल की उपचार आवश्यकताओं पर पूरी तरह से ध्यान केंद्रित करने के लिए अपनी व्यक्तिगत चिंताओं को अलग रखता हूं।

चार. ग्राउंडिंग तकनीक

- गहरी सांस लेने, पैरों से पृथ्वी में बढ़ने वाली जड़ों की कल्पना करना, या चलने जैसी शारीरिक गतिविधियों जैसे ग्राउंडिंग व्यायाम चिकित्सकों को केंद्रित और संतुलित रहने में मदद कर सकते हैं।

पाँच. ऊर्जा की सफाई

- स्थान साफ़ करना: ऋषि के साथ धुंधलापन, ध्वनि (जैसे, घंटियाँ या गायन कटोरे) का उपयोग करना, या कमरे को साफ करने वाली सफेद रोशनी की कल्पना करना अंतरिक्ष से नकारात्मक ऊर्जाओं को साफ़ करने में मदद कर सकता है।
- व्यक्तिगत ऊर्जा सफाई: नमक स्नान करना, क्रिस्टल का उपयोग करना या ऊर्जा-व्यापक तकनीक का प्रदर्शन करना अभ्यासी के ऊर्जा क्षेत्र को साफ करने में मदद कर सकता है।

छः. जर्नलिंग और प्रतिबिंब

- व्यक्तिगत भावनाओं और अनुभवों को प्रतिबिंबित करने के लिए एक पत्रिका रखने से चिकित्सकों को अपनी भावनाओं को संसाधित करने और अंतर्दृष्टि प्राप्त करने में मदद मिल सकती है।
- उनके अभ्यास और व्यक्तिगत विकास पर नियमित चिंतन मन की संतुलित स्थिति बनाए रखने में सहायता कर सकता है।

सात. व्यावसायिक समर्थन

- चिकित्सकों को जरूरत पड़ने पर पेशेवर सहायता लेने में संकोच नहीं करना चाहिए। चिकित्सक,

परामर्शदाता या आध्यात्मिक सलाहकार व्यक्तिगत मुद्दों का मार्गदर्शन और समर्थन कर सकते हैं।

आठ. स्वस्थ जीवन शैली विकल्प

- समग्र कल्याण और मानसिक स्पष्टता के लिए स्वस्थ आहार, नियमित व्यायाम और पर्याप्त नींद बनाए रखना आवश्यक है।
- ऐसे पदार्थों से बचना जो मन को धुंधला कर सकते हैं, जैसे अत्यधिक शराब या ड्रग्स, भी महत्वपूर्ण है।

रेकी सत्र की तैयारी

एक. सत्र पूर्व अनुष्ठान

- अभ्यासकर्ताओं को एक पूर्व-सत्र अनुष्ठान में संलग्न होना चाहिए जिसमें ग्राउंडिंग, इरादे निर्धारित करना और खुद को केंद्रित करने के लिए संक्षेप में ध्यान करना शामिल है।
- कमरे में और उनके शरीर के आसपास की ऊर्जा को साफ करना भी अनुष्ठान का हिस्सा हो सकता है।

दो. सत्र के दौरान

- चिकित्सकों को पूरे सत्र में सचेत और उपस्थित रहना चाहिए, लगातार रेकी ऊर्जा के प्रवाह और ग्राहक की जरूरतों पर ध्यान केंद्रित करना चाहिए।
- यदि व्यक्तिगत विचार या भावनाएं उत्पन्न होती हैं, तो चिकित्सकों को उन्हें बिना लगाव के स्वीकार करना चाहिए और धीरे से अपना ध्यान रेकी सत्र पर वापस लाना चाहिए।

तीन. सत्र के बाद स्व-देखभाल

- एक सत्र के बाद, अभ्यासकर्ताओं को खुद को जमीन पर उतारने, अपनी ऊर्जा को साफ करने और अनुभव पर विचार करने के लिए समय निकालना चाहिए।
- एक संक्षिप्त आत्म-रेकी सत्र या ध्यान में संलग्न होने से उनकी ऊर्जा को रीसेट करने और अगले सत्र या

उनके बाकी दिन की तैयारी करने में मदद मिल सकती है।

रेकी चिकित्सकों के लिए प्रभावी मानसिक और भावनात्मक उपचार सत्र प्रदान करने के लिए अपने स्वयं के दिमाग और व्यक्तिगत मुद्दों का प्रबंधन करना महत्वपूर्ण है। आत्म-देखभाल, माइंडफुलनेस, ग्राउंडिंग और ऊर्जा सफाई का अभ्यास करके, चिकित्सक यह सुनिश्चित कर सकते हैं कि वे संतुलित और केंद्रित रहें, जिससे उन्हें रेकी ऊर्जा को अधिक प्रभावी ढंग से चैनल करने की अनुमति मिलती है। नियमित प्रतिबिंब और पेशेवर समर्थन भी किसी भी व्यक्तिगत मुद्दों को संबोधित करने में सहायता कर सकता है, यह सुनिश्चित करता है कि चिकित्सक अपने उपचार कार्य के दौरान एक स्पष्ट और केंद्रित दिमाग बनाए रखें।

मानसिक उपचार

रेकी एक समग्र उपचार तकनीक है जो कल्याण के शारीरिक, भावनात्मक, मानसिक और आध्यात्मिक पहलुओं को संबोधित करती है। रेकी के माध्यम से मानसिक उपचार स्पष्टता, शांति और मानसिक कल्याण को बढ़ावा देने के लिए तनाव, चिंता, नकारात्मक विचार पैटर्न और अन्य मानसिक गड़बड़ी को कम करने पर केंद्रित है। यहां एक विस्तृत मार्गदर्शिका दी गई है कि रेकी मानसिक उपचार में कैसे सहायता कर सकती है।

"मानसिक उपचार" के लिए रेकी प्रतीक आपको सीधे रिसीवर के उच्च स्व और अवचेतन से जोड़ता है। "मानसिक उपचार" गलत दिशा में ऊर्जा को बदलने में मदद कर सकता है ताकि रिसीवर आशावाद, प्रेम और खुशी का अनुभव कर सके। वे पिछली कंडीशनिंग और प्रोग्रामिंग के बारे में अधिक जागरूकता प्राप्त कर सकते हैं। यह उपचार की दिशा में पहला कदम है। भय, व्यसन और अन्य मानसिक या आध्यात्मिक गड़बड़ी सकारात्मक तरीके से प्रभावित हो सकती है। आंतरिक शक्ति और मानसिक स्पष्टता प्राप्त होगी। भय और क्रोध विश्वास, प्रेम और स्वयं के साथ पूर्ण संबंध बन जाते हैं। अवसाद और अपराधबोध जीवन के आनंद, जीवन शक्ति और साहस की ओर मुड़ जाते हैं।

सार्वभौमिक जीवन ऊर्जा आपको कम आवृत्तियों वाली भावनाओं को उच्च आवृत्तियों वाले लोगों में बदलने में मदद करती है।

रेकी के साथ मानसिक उपचार को समझना

एक. मन और ऊर्जा कनेक्शन

- मन और शरीर आपस में जुड़े हुए हैं; मानसिक तनाव या गड़बड़ी शारीरिक बीमारियों के रूप में प्रकट हो सकती है। रेकी शरीर के ऊर्जा प्रवाह को संतुलित

करके मदद करती है, जो मानसिक स्पष्टता को बढ़ावा देती है और मनोवैज्ञानिक तनाव को कम करती है।

- मानसिक रुकावटें शरीर के ऊर्जा क्षेत्र में व्यवधान पैदा कर सकती हैं, जिससे चिंता, अवसाद और अन्य मानसिक स्वास्थ्य समस्याएं हो सकती हैं। रेकी इन रुकावटों को दूर करती है, जिससे मानसिक उपचार की सुविधा मिलती है।

दो. चक्र और मानसिक स्वास्थ्य

- चक्र शरीर में ऊर्जा केंद्र हैं, जिनमें से प्रत्येक अलग-अलग शारीरिक, भावनात्मक और मानसिक स्वास्थ्य पहलुओं से जुड़ा हुआ है। मानसिक उपचार से संबंधित प्रमुख चक्रों में शामिल हैं:
    - अ. क्राउन चक्र (सहस्रार): उच्च चेतना, ज्ञान और आध्यात्मिक संबंध से जुड़ा हुआ है। असंतुलन भ्रम और वियोग का कारण बन सकता है।
    - आ. तीसरी आंख चक्र (अजना): अंतर्ज्ञान, अंतर्दृष्टि और मानसिक स्पष्टता से जुड़ा हुआ है। असंतुलन फोकस की कमी और मानसिक कोहरे का कारण बन सकता है।
    - इ. कंठ चक्र (विशुद्ध): संचार और सत्य से संबंधित। असंतुलन के परिणामस्वरूप विचारों और भावनाओं को व्यक्त करने में कठिनाई हो सकती है।

मानसिक उपचार के लिए रेकी प्रतीक

- चो कू रेई (चो-कू-रे): शक्ति प्रतीक के रूप में जाना जाता है, यह उपचार ऊर्जा को जमीन पर उतारने और बढ़ाने में मदद करता है।
- सेई हे की (से-हे-की): विशेष रूप से मानसिक और भावनात्मक उपचार के लिए उपयोग किया जाता है, यह मन को संतुलित और सुसंगत बनाने में सहायता करता है।

"मानसिक उपचार" में, आप पुष्टि के साथ काम कर सकते हैं जो एक सकारात्मक स्थिति का वर्णन करते हैं जो आप अपने लिए चाहते हैं या पुष्टि के साथ अपने ग्राहक खुद के लिए चाहते हैं।

पुष्टि और इरादे

एक. रेकी से पहले और उसके दौरान स्पष्ट इरादे या पुष्टि निर्धारित करना मानसिक उपचार को बढ़ा सकता है। उदाहरणों में शामिल हैं "मैं सभी मानसिक तनाव को मुक्त करता हूं" या "मैं मानसिक स्पष्टता और शांति का स्वागत करता हूं।

दो. सकारात्मक पुष्टि के साथ रेकी का संयोजन मन को पुनः प्रोग्राम कर सकता है और नकारात्मक विचार पैटर्न को सकारात्मक लोगों के साथ बदल सकता है।

निम्नलिखित जैसे पुष्टिकरण का उपयोग किया जा सकता है:

एक. "मैं (नाम) खुद से प्यार करता हूं क्योंकि मैं जैसा हूं वैसा ही हूं। यह आपका दिल खोलता है, और लड़ने और खुद को अस्वीकार करने का बोझ धीरे-धीरे घुल सकता है।

दो. "मैं (नाम) अब अपने शरीर से प्यार करता हूं और स्वीकार करता हूं।
यह शारीरिक उपचार के लिए है।

तीन. "मैं (नाम) अपना दिल खोलता हूं और अब अपनी सभी भावनाओं को स्वीकार करता हूं।
यह भावनात्मक उपचार के लिए है।

चार. "मेरी मानसिक स्पष्टता हर दिन स्पष्ट होती जा रही है।
यह मानसिक उपचार के लिए है।

पाँच. "मेरा ध्यान हर दिन गहरा होता जा रहा है।
यह आध्यात्मिक उपचार के लिए है।

रेकी मानसिक उपचार के लाभ

एक. तनाव में कमी

- रेकी गहरी विश्राम की स्थिति को प्रेरित करती है, जो तनाव और चिंता को कम करने में मदद करती है। यह शांत अवस्था मन को ठीक करने और तरोताजा करने की अनुमति देती है।

दो. बेहतर फोकस और स्पष्टता

- रेकी मानसिक रुकावटों को दूर करके फोकस, एकाग्रता और मानसिक स्पष्टता को बढ़ाती है। यह विचारों को व्यवस्थित करने और बेहतर निर्णय लेने में मदद करता है।

तीन. भावनात्मक संतुलन

- रेकी मन और भावनाओं को संतुलित करती है, मूड स्विंग्स, चिड़चिड़ापन और मानसिक उथल-पुथल को कम करती है। यह संतुलन आंतरिक शांति और स्थिरता की भावना को बढ़ावा देता है।

चार. चिंता और अवसाद का उन्मूलन

- नियमित रेकी सत्र मूल कारणों को संबोधित करके और मानसिक रुकावटों को दूर करके चिंता और अवसाद के लक्षणों को काफी कम कर सकते हैं।

पाँच. उन्नत अंतर्ज्ञान और अंतर्दृष्टि

- तीसरी आंख के चक्र को संतुलित करके, रेकी अंतर्ज्ञान और अंतर्दृष्टि को बढ़ाता है। यह बढ़ी हुई जागरूकता व्यक्ति को स्वयं को और अपने परिवेश को बेहतर ढंग से समझने में मदद करती है।

छः. बेहतर नींद

- मानसिक तनाव अक्सर नींद में खलल डालने की ओर ले जाता है। रेकी विश्राम और मानसिक शांति को बढ़ावा देता है, नींद की गुणवत्ता और पैटर्न में सुधार करता है।

मानसिक उपचार सत्रः

"इस उपचार को करने के लिए आपके पास ग्राहक की अनुमति होनी चाहिए, और आपका दिमाग मानसिक अव्यवस्था से साफ और खाली होना चाहिए ताकि सत्र प्रभावी हो सके।

सत्र में लगभग 15 मिनट लगते हैं और इसे सामान्य रेकी उपचार में शामिल किया जा सकता है।

एक. ग्राहक को एक कुर्सी पर बैठाएं।
दो. आपको ठीक करने में मदद करने के लिए अपने ग्राहक के उच्च स्व और हीलिंग गाइड और अपने उच्च स्व और आत्मा में रेकी मास्टर को कॉल करें।
तीन. एक हाथ क्राउन (7वें) चक्र के ऊपर और दूसरे को पश्चकपाल रिज के पार रखें, जो पहले हाथ के लंबवत हो। फिर, प्रत्येक प्रतीक के बाद क्राउन को धीरे से छूते हुए, क्राउन चक्र के ऊपर RAKU, CHOKUREI और SEHEKI प्रतीक बनाएं।
चार. उस प्रतिज्ञान को दोहराएं जो उस सकारात्मक स्थिति का वर्णन करती है जिसे आप (या आपके ग्राहक) इस समय चाहते हैं।
पाँच. ऊर्जा में सील करने के लिए, क्राउन पर प्रतीकों को फिर से बनाएं, फिर या तो एक सामान्य रेकी सत्र के साथ जारी रखें या सत्र को उसी तरह बंद करें जैसे सामान्य रेकी सत्र बंद हो जाता है।

भावनात्मक उपचार

रेकी एक समग्र उपचार तकनीक है जो शारीरिक, मानसिक, भावनात्मक और आध्यात्मिक स्तरों पर काम करती है। रेकी के माध्यम से भावनात्मक उपचार भावनात्मक रुकावटों, आघात और नकारात्मक पैटर्न को संबोधित करने और जारी करने पर केंद्रित है जो किसी व्यक्ति की भलाई को प्रभावित कर सकते हैं। यहां वह सब कुछ है जो आपको जानना आवश्यक है कि रेकी भावनात्मक उपचार में कैसे सहायता कर सकती है।

रेकी के साथ भावनात्मक उपचार को समझना

एक. ऊर्जा असंतुलन और भावनात्मक स्वास्थ्य

- भावनाएँ ऊर्जा हैं; सभी ऊर्जा की तरह, उन्हें स्वतंत्र रूप से प्रवाहित होना चाहिए। जब भावनाओं को दबा दिया जाता है या अनसुलझा किया जाता है, तो वे शरीर के ऊर्जा क्षेत्र में रुकावट पैदा करते हैं। इन रुकावटों से भावनात्मक संकट, मानसिक स्वास्थ्य संबंधी समस्याएं और यहां तक कि शारीरिक बीमारियां भी हो सकती हैं।
- रेकी इन रुकावटों को दूर करने, ऊर्जा के प्राकृतिक प्रवाह को बहाल करने और भावनात्मक संतुलन और कल्याण को बढ़ावा देने में मदद करता है।

दो. चक्र और भावनात्मक उपचार

- चक्र शरीर में ऊर्जा केंद्र हैं जो शारीरिक, भावनात्मक और आध्यात्मिक स्वास्थ्य के विभिन्न पहलुओं के अनुरूप हैं। रेकी में भावनात्मक उपचार में अक्सर चक्रों को संतुलित करना शामिल होता है, विशेष रूप से:
    अ. हृदय चक्र (अनाहत): प्रेम, करुणा और क्षमा से जुड़ा हुआ है।

आ. सौर जाल चक्र (मणिपुर): आत्म-सम्मान, शक्ति और पहचान से जुड़ा हुआ है।
इ. त्रिक चक्र (स्वाधिष्ठान): भावनाओं, रिश्तों और रचनात्मकता से जुड़ा हुआ है।

- इन चक्रों में सामंजस्य स्थापित करके, रेकी भावनात्मक दर्द को दूर करने में मदद करता है और शांति और खुशी की भावनाओं को बढ़ावा देता है।

भावनात्मक उपचार के लिए रेकी प्रतीक

सेई हे की (से-हे-की): भावनात्मक उपचार के लिए रेकी में उपयोग किया जाने वाला प्राथमिक प्रतीक। यह भावनाओं को संतुलित करने, मानसिक रुकावटों को दूर करने और सद्भाव और शांति को बढ़ावा देने में मदद करता है।

रेकी भावनात्मक उपचार के लाभ

एक. तनाव में कमी और विश्राम

- रेकी गहरी विश्राम की स्थिति को प्रेरित करती है, जो तनाव और चिंता को कम करने में मदद करती है। यह शांत अवस्था मन और शरीर को अधिक प्रभावी ढंग से ठीक करने की अनुमति देती है।

दो. भावनात्मक रुकावटों का रिहाई

- अवरुद्ध ऊर्जा को साफ़ करके, रेकी दबी हुई भावनाओं और अनसुलझे आघात को दूर करने में मदद करती है। इस रिहाई से गहरी भावनात्मक और मानसिक राहत मिल सकती है।

तीन. बढ़ी हुई भावनात्मक जागरूकता

- रेकी आत्म-जागरूकता बढ़ाती है, जिससे व्यक्तियों को उनकी भावनाओं को बेहतर ढंग से पहचानने और समझने में मदद मिलती है। यह जागरूकता उपचार और व्यक्तिगत विकास की दिशा में पहला कदम है।

चार. बेहतर रिश्ते

- जैसे-जैसे व्यक्ति भावनात्मक रूप से ठीक होते हैं, वे अक्सर पाते हैं कि उनके रिश्तों में सुधार होता है। वे अधिक दयालु, समझदार और स्वस्थ संचार में सक्षम हो जाते हैं।

पाँच. अधिक भावनात्मक लचीलापन

- नियमित रेकी सत्र भावनात्मक लचीलापन बना सकते हैं, जिससे व्यक्तियों को जीवन की चुनौतियों और तनावों से बेहतर ढंग से सामना करने में मदद मिलती है।

छः. आध्यात्मिक विकास

- रेकी के माध्यम से भावनात्मक उपचार अक्सर आध्यात्मिक विकास की ओर ले जाता है। जैसे-जैसे व्यक्ति भावनात्मक बोझ छोड़ते हैं, वे अपने उच्च स्व और ब्रह्मांड से अधिक जुड़ाव महसूस कर सकते हैं।

रेकी भावनात्मक उपचार भावनात्मक दर्द और आघात को संबोधित करने और जारी करने के लिए एक सौम्य लेकिन शक्तिशाली तरीका है। रेकी भावनाओं को संतुलित करने, तनाव को कम करने और शरीर में ऊर्जा के प्राकृतिक प्रवाह को बहाल करके समग्र कल्याण को बढ़ावा देने में मदद करता है। चाहे एक व्यवसायी या स्व-रेकी प्रथाओं के साथ नियमित सत्रों के माध्यम से, रेकी को अपने जीवन में एकीकृत करने से गहरा भावनात्मक और आध्यात्मिक विकास हो सकता है।

प्रक्रिया:

एक. ग्राहक को बैठने या लेटने के लिए कहें।

दो. अपने लिए एक कुर्सी प्राप्त करें।

तीन. एक हाथ ग्राहक के भौंह चक्र पर और दूसरे को पश्चकपाल रिज (उनकी गर्दन के पीछे) पर रखें।

चार. आपको ठीक करने में मदद करने के लिए अपने ग्राहक के उच्च स्व, उपचार मार्गदर्शिका और आत्मा में अपने रेकी मास्टर को बुलाएं।

पाँच. उपयुक्त प्रतीक (सेई हे की) में लाओ।
छः. यह एकमात्र स्थिति है जहां आप जरूरत पड़ने पर हाथ का व्यापार कर सकते हैं। एक सत्र एक घंटे तक चल सकता है।
सात. जब सत्र पूरा हो जाए, तो गाइडों और रेकी मास्टर को उनकी मदद के लिए धन्यवाद दें।

दैनिक जीवन में रेकी

बच्चे और रेकी:

बच्चों पर रेकी उपचार वयस्कों के समान ही होते हैं, सिवाय इसके कि वे कम समय लेते हैं क्योंकि वे छोटे होते हैं और उन्हें कम हाथ की स्थिति की आवश्यकता होती है।

बच्चों को किसी भी उम्र में 1-डिग्री रेकी के प्रति अभ्यस्त किया जा सकता है क्योंकि यह भौतिक शरीर से संबंधित है। बच्चों को भावनाओं को समझना चाहिए और 2 डिग्री के अभ्यस्त होने से पहले मानसिक स्पष्टता होनी चाहिए। मास्टर डिग्री रेकी के प्रति अभ्यस्त होने से पहले उनके पास आध्यात्मिकता की अवधारणा होनी चाहिए।

पौधों और जानवरों पर रेकी:

पौधों और पेड़ों को रेकी ऊर्जा पसंद है। वे मजबूत और हार्दिक विकास, अच्छे खिलने के विकास और लंबे जीवन का खुलासा करके प्रतिक्रिया करते हैं।

अधिकांश जानवर रेकी ऊर्जा को स्वीकार करते हैं। सभी स्तनधारियों के साथ उसी तरह व्यवहार करें जैसे आप एक व्यक्ति करते हैं। पक्षियों के पास एक बहुत ही संवेदनशील प्रणाली होती है, इसलिए हमेशा उच्चतम रेकी ऊर्जा के माध्यम से लाने के महत्व पर जोर दें ताकि वे आसानी से इसका उपयोग कर सकें।

रेकी प्राथमिक चिकित्सा

- *टूटी हुई हड्डियाँ:* हड्डी को SET न करें!! डॉक्टर द्वारा फ्रैक्चर सेट करने के बाद, आप इसे ठीक करने में मदद करने के लिए सीधे कास्ट पर हाथ रख सकते हैं।
- *चोट लगना:* रेकी को तुरंत और सीधे चोट पर 20 से 30 मिनट के लिए दें।
- *जलन:* जली हुई त्वचा के ठीक ऊपर 20 से 30 मिनट तक रेकी दें। यदि आप इसे तुरंत दे सकते हैं तो फफोले दिखाई देने की संभावना कम होती है।
- *डर:* अपने हाथों को सौर जाल (3) चक्र और सिर के पिछले हिस्से पर रखें और मानसिक उपचार करें।
- *कीड़े के काटने:* यदि आप तुरंत रेकी दे सकते हैं, तो 20 से 30 मिनट के लिए, आप सूजन को कम रखने में सक्षम हो सकते हैं।
- *सदमा/दुर्घटना:* डॉक्टर की प्रतीक्षा करते समय, सौर जाल (3) चक्र और मूल (1) चक्र को रेकी दें। फिर, रेकी ऊर्जा को उनके कंधों पर लगाएं।

  मोच: मोच वाली जगह पर 30 से 60 मिनट के लिए रेकी की ऊर्जा दें। मोच की गंभीरता के आधार पर कई बार दोहराएं।

रेकी स्तर 2 - व्यवसायी होमवर्क

एक) आप रेकी प्रतीकों का उपयोग क्यों करेंगे?

दो) स्तर 2 रेकी में प्राथमिक सीखने का उद्देश्य क्या है?

तीन) एक ग्राहक (मित्र या परिवार) पर अपने पहले रेकी उपचार का वर्णन करें।

रेकी स्तर 2 - क्लाइंट केस स्टडी उदाहरण

स्वास्थ्य प्रपत्र

दिनांक: ____________

ग्राहकों का नाम: ____________________________________

फोन संख्या: __________________

ई-मेल: ____

पता: ____

शहर: ______________________

पोस्टल कोड ____________________

जन्म तिथि (महीना): _______________________

व्यवसायी (आप): __________________________

पूछने के लिए प्रश्न:

आज आप कैसा महसूस कर रहे हैं?

____

आपकी राय में, क्या आप तनावग्रस्त हैं?

____

क्या आप किसी अन्य उपचार से गुजर रहे हैं?

____

कोई अन्य स्वास्थ्य या चिंता का क्षेत्र?

____

इस सत्र के लिए आपकी क्या उम्मीदें हैं?

____

क्या आपके पास पहले इस प्रकार या इसी तरह का सत्र था? नहीं/हाँ

ग्राहक हस्ताक्षर: (पावती और सत्र की अनुमति)

____

निष्कर्ष/मुद्दे: ***(नीचे चिह्नित करें)***

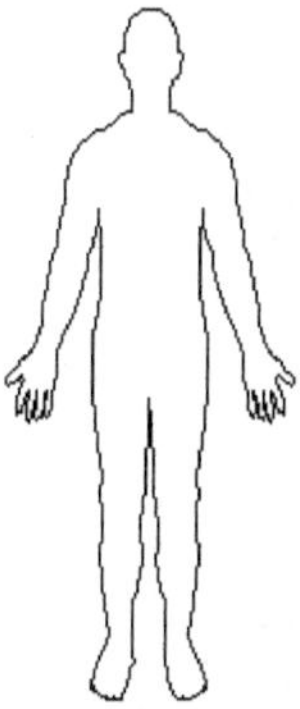

फ्रंट

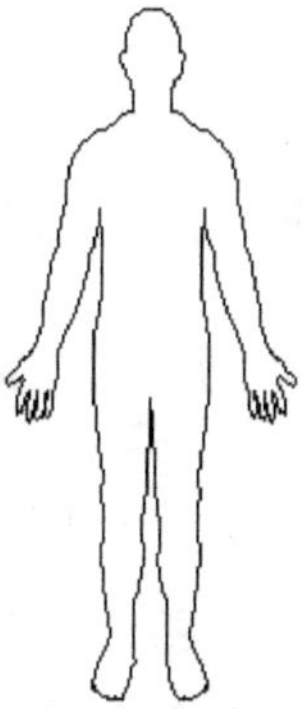

बैक

शारीरिक:______________________________

____

______

मानसिक:

____

____

भावनात्मक:

____

____

धार्मिक:______________________________

____

______

अपना खुद का रेकी क्लिनिक खोलना: मूल बातें

रेकी क्लिनिक शुरू करना अपने उपचार अभ्यास को दूसरों के साथ साझा करने का एक पूरा तरीका हो सकता है। अपना खुद का रेकी क्लिनिक खोलते समय विचार करने के लिए यहां आवश्यक कदम और नियम दिए गए हैं, चाहे आप अपनी सेवाओं के लिए शुल्क लेने की योजना बना रहे हों या नहीं।

अगर कोई पैसा नहीं ले रहे हैं

एक. व्यक्तिगत देयता बीमा

- अपने सत्रों के दौरान किसी भी दावे या दुर्घटना के मामले में खुद को बचाने के लिए व्यक्तिगत देयता बीमा प्राप्त करें। यह आपके अभ्यास की सुरक्षा के लिए आवश्यक है।

दो. ग्राहक प्रपत्र

- सुनिश्चित करें कि आप प्रत्येक सत्र के लिए एक ग्राहक फॉर्म भरें। इस फॉर्म में ग्राहक की व्यक्तिगत जानकारी, स्वास्थ्य इतिहास और उपचार के लिए सहमति शामिल होनी चाहिए। विस्तृत रिकॉर्ड रखना कानूनी और व्यावहारिक दोनों कारणों से आवश्यक है।

अगर पैसे चार्ज कर रहे हैं

एक. कानूनी कंपनी का नाम

- अपने रेकी क्लिनिक के लिए एक कानूनी कंपनी का नाम पंजीकृत करें। यह आपके व्यवसाय को औपचारिक रूप देता है और अक्सर विभिन्न कानूनी और वित्तीय लेनदेन के लिए आवश्यक होता है।

दो. जीएसटी नंबर

- कनाडा: यदि आपकी वार्षिक आय $30,000 से अधिक है, तो आपको जीएसटी (माल और सेवा कर) नंबर के लिए पंजीकरण करना होगा। यह आपको अपनी सेवाओं पर जीएसटी चार्ज करने और जमा करने की अनुमति देता है।

तीन. व्यक्तिगत देयता बीमा

- गैर-भुगतान सेवाओं की तरह, व्यक्तिगत देयता बीमा होना महत्वपूर्ण है। यह आपके अभ्यास के दौरान संभावित दावों या दुर्घटनाओं से आपकी रक्षा करता है।

चार. ग्राहक प्रपत्र

- प्रत्येक सत्र के लिए एक ग्राहक फॉर्म भरें जिसमें ग्राहक की व्यक्तिगत जानकारी, स्वास्थ्य इतिहास और सहमति का विवरण हो। अनुपालन और प्रभावी अभ्यास प्रबंधन के लिए इन अभिलेखों को बनाए रखना महत्वपूर्ण है। दस साल

पाँच. रसीदें

- प्रत्येक सत्र के लिए एक रसीद प्रदान करें। यह आपके ग्राहकों को सूचित रखता है और आपको सटीक वित्तीय रिकॉर्ड बनाए रखने में मदद करता है।

छः. व्यापार कर

- पूरे वर्ष अपनी आय और खर्चों पर नज़र रखें, और सुनिश्चित करें कि आप वर्ष के अंत में अपने व्यवसाय

करों का भुगतान करें। अपने कर दायित्वों को समझने और सभी प्रासंगिक कानूनों का अनुपालन सुनिश्चित करने के लिए एक एकाउंटेंट से परामर्श करें।

सफलता के लिए अतिरिक्त युक्तियाँ

सात. स्थान:

- अपने क्लिनिक के लिए एक आरामदायक, सुलभ स्थान चुनें। सुनिश्चित करें कि आपके ग्राहकों के लिए उचित गोपनीयता के साथ स्थान शांत और उपचार के लिए अनुकूल है।

आठ. विपणन (मार्केटिंग)

- सोशल मीडिया, स्थानीय सामुदायिक बोर्ड और वर्ड ऑफ माउथ जैसे विभिन्न चैनलों के माध्यम से अपने क्लिनिक का प्रचार करें। परिचयात्मक सत्र या कार्यशालाओं की पेशकश नए ग्राहकों को आकर्षित करने में मदद कर सकती है।

नौ. व्यावसायिक विकास

- चल रही शिक्षा और प्रशिक्षण के माध्यम से अपने कौशल और ज्ञान को बढ़ाना जारी रखें। रेकी में नवीनतम और पूरक उपचारों से अपडेट रहना आपके अभ्यास को बढ़ा सकता है और अधिक ग्राहकों को आकर्षित कर सकता है।

दस. नेटवर्किंग

- अन्य समग्र स्वास्थ्य चिकित्सकों और स्थानीय कल्याण केंद्रों से जुड़ें। नेटवर्किंग रेफरल अवसर प्रदान कर सकती है और आपके व्यवसाय के विकास में सहायता कर सकती है।

ग्यारह. ग्राहक संचार

- अपने ग्राहकों के साथ स्पष्ट और दयालु संचार बनाए रखें। उनकी जरूरतों को समझना और अनुरूप सत्र प्रदान करना उनके अनुभव को बढ़ा सकता है और

सकारात्मक वर्ड-ऑफ-माउथ रेफरल को बढ़ावा दे सकता है।

बारह. अनुपालन और नैतिकता

- अपने अभ्यास में सभी स्थानीय नियमों और नैतिक दिशानिर्देशों का पालन करें। इसमें ग्राहक की गोपनीयता का सम्मान करना, सूचित सहमति प्राप्त करना और पेशेवर और दयालु देखभाल प्रदान करना शामिल है।

इन दिशानिर्देशों का पालन करके और पेशेवर अखंडता और ग्राहक देखभाल पर ध्यान केंद्रित करके, आप अपना खुद का रेकी क्लिनिक सफलतापूर्वक खोल और संचालित कर सकते हैं।

रेकी स्तर 3 - मास्टर

स्तर 3:

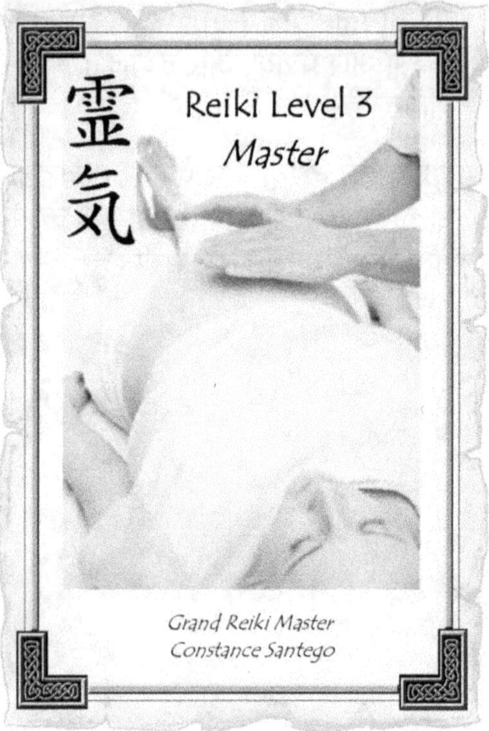

शिनपीडेन

शिनपिडेन, जिसका अर्थ है "रहस्य शिक्षण" या "मास्टर शिक्षण", रेकी प्रशिक्षण का उन्नत स्तर है। यह रेकी ऊर्जा की महारत, आध्यात्मिक विकास और दूसरों को सिखाने और समायोजित करने की क्षमता पर केंद्रित है।

रेकी स्तर 3 पाठ योजना

2, 3 घंटे की लाइव कक्षाएं

1 कक्षा

- आध्यात्मिक उपचार के बारे में बात करें

प्रथम श्रेणी का दूसरा भाग
सुनें और सदस्यता लें

https://youtu.be/4F-re1mkiCk

या *"अपरेंटिस"* ध्यान पढ़ें

  - प्रत्येक छात्र पर स्तर 3 प्रतीक बनाएं
  - ध्यान समाप्त करें
- क्या प्रत्येक छात्र ने इस बारे में बात की है कि उन्होंने क्या अनुभव किया है

2 कक्षा

- रेकी सिखाने के बारे में बात करें
- सभी आध्यात्मिक रेकी हाथों पर तकनीकों का प्रयास करें।

रेकी आध्यात्मिक उपचार

रेकी आध्यात्मिक उपचार किसी व्यक्ति के आध्यात्मिक पहलुओं को संतुलित और सुसंगत बनाने पर केंद्रित है। यह उच्च चेतना से जुड़ने, आध्यात्मिक जागरूकता बढ़ाने और किसी के सच्चे स्व के साथ संरेखित करने में मदद करता है। उपचार का यह रूप समग्र कल्याण का अभिन्न अंग है, जो भौतिक और भावनात्मक शरीर और आध्यात्मिक शरीर को संबोधित करता है।

रेकी आध्यात्मिक उपचार में मुख्य अवधारणाएँ

एक. सार्वभौमिक जीवन शक्ति ऊर्जा

- रेकी सभी जीवित चीजों के माध्यम से बहने वाली सार्वभौमिक जीवन शक्ति ऊर्जा पर आधारित है। माना जाता है कि यह ऊर्जा आध्यात्मिक रूप से निर्देशित है और उपचार को बढ़ावा देने के लिए रेकी चिकित्सक द्वारा प्रसारित किया जा सकता है।

दो. आध्यात्मिक संबंध

- रेकी व्यक्तियों को उनके उच्च स्व और आध्यात्मिक मार्गदर्शकों से जुड़ने में मदद करता है। यह संबंध मार्गदर्शन, अंतर्दृष्टि और किसी के जीवन के उद्देश्य की गहरी समझ प्रदान कर सकता है।

तीन. चक्र और आध्यात्मिक उपचार

- चक्र प्रणाली आध्यात्मिक उपचार में महत्वपूर्ण भूमिका निभाती है। प्रत्येक चक्र आध्यात्मिक विकास और चेतना के विभिन्न पहलुओं से जुड़ा होता है। चक्रों को संतुलित करने से आध्यात्मिक विकास और ज्ञान बढ़ सकता है।

मास्टर प्रतीक

राकू: रेकी में कम ज्ञात लेकिन बहुत शक्तिशाली प्रतीकों में से एक है, विशेष रूप से एट्यूनमेंट प्रक्रिया से जुड़ा हुआ है। यह आमतौर पर नियमित रेकी सत्रों में उपयोग नहीं किया जाता है, लेकिन रेकी प्रशिक्षण के मास्टर स्तर में attunements के दौरान एक महत्वपूर्ण भूमिका निभाता है।

दाई को म्यो: रेकी में मास्टर प्रतीक, आत्मज्ञान और आध्यात्मिक सशक्तिकरण का प्रतिनिधित्व करता है। इसका उपयोग आध्यात्मिक जागरूकता और संबंध के उच्च स्तर को खोलने के लिए किया जाता है।

रेकी आध्यात्मिक उपचार के लाभ

एक. बढ़ी हुई आध्यात्मिक जागरूकता

- रेकी व्यक्तियों को उनकी आध्यात्मिक प्रकृति और ब्रह्मांड से संबंध के बारे में अधिक जागरूक बनने में मदद करती है। यह जागरूकता उद्देश्य और पूर्ति की गहरी भावना को जन्म दे सकती है।

दो. उच्च स्व के साथ संरेखण

- आध्यात्मिक शरीर को संतुलित करके, रेकी व्यक्तियों को उनके उच्च स्व के साथ संरेखित करने में मदद करता है, आंतरिक शांति और सद्भाव को बढ़ावा देता है।

तीन. आध्यात्मिक रुकावटों को दूर करना

- रेकी आध्यात्मिक शरीर में रुकावटों को दूर करने में मदद कर सकती है, जिससे ऊर्जा का एक सहज प्रवाह और आध्यात्मिक मार्गदर्शकों और उच्च चेतना के साथ एक मजबूत संबंध की अनुमति मिलती है।

चार. अंतर्ज्ञान और अंतर्दृष्टि में वृद्धि

- नियमित रेकी सत्र सहज क्षमताओं को बढ़ा सकते हैं और व्यक्तिगत और आध्यात्मिक मामलों में गहरी अंतर्दृष्टि प्रदान कर सकते हैं।

पाँच. भावनात्मक और मानसिक स्पष्टता

- आध्यात्मिक उपचार अक्सर अधिक भावनात्मक और मानसिक स्पष्टता की ओर ले जाता है, क्योंकि यह आध्यात्मिक दृष्टिकोण से भावनात्मक और मानसिक असंतुलन के मूल कारणों को संबोधित करता है।

रेकी आध्यात्मिक उपचार एक गहन और परिवर्तनकारी अभ्यास है जो किसी व्यक्ति के अस्तित्व के आध्यात्मिक पहलुओं को संबोधित करता है। आध्यात्मिक शरीर को संतुलित और सुसंगत बनाकर, रेकी व्यक्तियों को उनके उच्च स्व से जुड़ने, गहरी आध्यात्मिक अंतर्दृष्टि प्राप्त करने और उनके वास्तविक उद्देश्य के साथ संरेखित करने में मदद करता है। चिकित्सक इस प्रक्रिया को सुविधाजनक बनाने में महत्वपूर्ण भूमिका निभाते हैं, और अपनी आध्यात्मिक प्रथाओं को बनाए रखकर, वे अपने ग्राहकों को प्रभावी और सार्थक उपचार प्रदान कर सकते हैं। आध्यात्मिक उपचार को दैनिक जीवन में एकीकृत करने से स्थायी लाभ और आध्यात्मिक संतुष्टि की गहरी भावना हो सकती है।

स्तर 3 ध्यान के लिए ध्यान

लेवल 3 एट्यूनमेंट मेडिटेशन का भाग "एक"

आपके पास एक विकल्प है:

एक) YouTube पर लेवल 3 मेडिटेशन सुनें
https://youtu.be/4F-re1mkiCk

या

दो) कक्षा में:

अ. ध्यान का पहला भाग पढ़ें,
आ. प्रत्येक छात्र के मुकुट, हृदय चक्रों और दोनों हथेलियों पर रेकी प्रतीकों को ड्रा करें। *(हुई यिन को पकड़कर और गुर्दे की सांस लेकर),*
इ. ध्यान का दूसरा भाग पढ़ें,
ई. जल अनुष्ठान (नींबू पानी के ऊपर प्रतीक बनाएं),
उ. राकू केई प्रतिज्ञान कहें

महारत में यात्रा

नोट: यह एक बहुत ही उन्नत ध्यान है! मैं इसे इस रिलीज के लिए तैयार करने के लिए उन्हें यह ध्यान देने से पहले अपने छात्रों के साथ दो सप्ताह के कारण विमान के काम के बाद ही इसका उपयोग करता हूं। जब तक आप कारण विमान के काम के साथ अनुभव नहीं कर रहे हैं, मैं आपको अपने छात्रों के लिए बहुत कम गहन समाशोधन अभ्यास डिजाइन करने के लिए प्रोत्साहित करता हूं। उदाहरण के लिए, आप

एक शरीर चक्र समाशोधन का उपयोग कर सकते हैं जहां प्रत्येक चक्र से सभी पुरानी स्थिर ऊर्जा को एक बुलबुले में उड़ा दिया जाता है, फिर बेअसर ऊर्जा में भंग कर दिया जाता है और पृथ्वी के केंद्र में ऊर्जा रीसाइक्लिंग केंद्र में भेज दिया जाता है। प्रत्येक चक्र को तब रेकी ऊर्जा से भरा जा सकता है।

इस ध्यान को पढ़ें

"अब मैं आपको महारत की यात्रा पर ले जा रहा हूं। इससे कोई फर्क नहीं पड़ता कि आप देखते हैं, महसूस करते हैं, सुनते हैं, या बस जानते हैं कि यह हो रहा है। सबसे महत्वपूर्ण बात जो आप अपने लिए कर सकते हैं वह है बस अपने आप को अभी रिलीज करने के लिए तैयार होने दें।

अपनी जागरूकता को अपने पहले लाइट बॉडी सेंटर में लाएं... आपका मूल चक्र, जो अस्तित्व, अभिव्यक्ति और भौतिक लाभ का प्रतिनिधित्व करता है। अपने रेकी मास्टर को सभी रुकावटों को दूर करने में आपकी सहायता करने की अनुमति दें..... धन, भौतिक लाभ, शारीरिक चुनौतियों, दर्द या शारीरिक शोषण के आसपास किसी भी अटकी हुई ऊर्जा को छोड़ने की अनुमति देना। जब भी आपकी ज़रूरतें जीवित रहने के स्तर पर पूरी नहीं होती हैं, तो उन सभी रुकावटों को अब जाने दें। कोई भी पिछला जीवन जहां जीवित रहना एक संघर्ष था...। इस जन्मकाल या पिछले जन्मों में सभी रुकावटों को दूर करें। अब आपको उनकी आवश्यकता नहीं है...... और अब, आत्मा में अपने रेकी मास्टर आप उत्तरजीविता प्रकाश शरीर केंद्र वापस अप भरने में सहायता करने के लिए अनुमति दें.... इसे ठीक करना, सामंजस्य स्थापित करना और संतुलित करना...। यह जानते हुए कि आप अपने उद्देश्य का पीछा करते हुए जीविकोपार्जन करने की अपनी क्षमता में असीमित हैं। यह जानते हुए कि आप एक मजबूत, स्वस्थ शरीर रखने की अपनी क्षमता में असीमित हैं जिसे आप प्यार करते हैं और जो आपके लिए पूरी तरह से काम करता है। यह जानते हुए कि

आप स्वस्थ, सामंजस्यपूर्ण, सकारात्मक, समृद्ध तरीके से अपना अस्तित्व बनाने की अपनी क्षमता में असीमित हैं।

अब अपना ध्यान अपने दूसरे लाइट बॉडी सेंटर पर लाएं... आपका प्लीहा चक्र.... आपका यौन और रचनात्मकता केंद्र.... और अपने रेकी मास्टर इन स्पिरिट को किसी भी रुकावट को दूर करने में आपकी सहायता करने की अनुमति दें..... जब भी आपको आपकी यौन भावनाओं के लिए आंका गया था..... जब भी आपको गाली दी गई ... अंतरंगता के सभी डर... उन्हें अब जाने दो। जब भी कोई आपकी रचनात्मकता को आंकता है... और अब पिछले जन्मों... आपकी कामुकता और रचनात्मकता के आसपास की सभी रुकावटें..... उन सभी को जाने दो..... अब अपने रेकी मास्टर इन स्पिरिट को अपने दूसरे लाइट बॉडी सेंटर को भरने में आपकी सहायता करने की अनुमति दें.......... इसे ठीक करना, इसमें सामंजस्य स्थापित करना और इसे संतुलित करना...। यह जानते हुए कि आप अपने आप को एक कामुक प्राणी के रूप में सम्मानित करने और अपने लिए एक आदर्श और सामंजस्यपूर्ण तरीके से अपने आप को प्यार, पोषण, सहायक, कामुक अनुभवों को आकर्षित करने की अपनी क्षमता में असीमित हैं..... यह जानते हुए कि आप अपने द्वारा चुने गए किसी भी रूप में अपनी रचनात्मकता का उपयोग करने की अपनी क्षमता में असीमित हैं।

अब, अपनी जागरूकता को अपने तीसरे प्रकाश शरीर केंद्र, आपकी इच्छा, आपकी इच्छाशक्ति और आपके भावनात्मक केंद्र तक ले जा रहे हैं। और अब अपने रेकी मास्टर सभी रुकावटों को दूर करने में आपकी सहायता करने की अनुमति देता है.... जब भी आप एक पीड़ित की तरह महसूस करते हैं ... जब भी आपको लगा कि आपके पास कोई विकल्प नहीं है... जब भी आपने कुछ ऐसा किया जो आप नहीं करना चाहते थे... अब सभी डर को छोड़ दो... आहत होने का सारा डर... शरीर, मन, आत्मा और भावनात्मक स्तरों पर.... सारा गुस्सा छोड़ना... कोई ईर्ष्या.... आपके पास अब तक का सारा अपराधबोध था... कर्म

तब समाप्त होता है जब आप खुद को माफ कर देते हैं। अब अपने आप को क्षमा करें और आगे बढ़ें। जब भी आपको भावनात्मक रूप से दुर्व्यवहार किया गया था ... और अब, पिछले जन्मों में जहां आपने अपनी शक्ति का दुरुपयोग किया ... पिछले जीवन जहां आपने दूसरों को आपके साथ दुर्व्यवहार करने की अनुमति दी...... अब सभी रुकावटों को छोड़ दें..... इस अनुभव को प्राप्त करने के लिए आपकी इच्छा, आपकी इच्छा शक्ति और आपके स्वयं के आसपास की रुकावटें। मैं चाहता हूं कि अब आप अपनी रीढ़ की हड्डी के आधार पर अपने मूल चक्र में अपनी आत्मा की ऊर्जा की कल्पना करें। अब कल्पना करें कि आप अपनी आत्मा की ऊर्जा को अपने मूल चक्र के माध्यम से ऊपर खींच रहे हैं, आपके सिर के शीर्ष पर, आपके मुकुट चक्र तक। इसे महसूस करें क्योंकि यह आपकी तिल्ली से होकर गुजरता है..... अपने सौर जाल के माध्यम से..... अपने हृदय चक्र के माध्यम से......... आपके गले के माध्यम से..... अपने 3 नेत्र चक्र के माध्यम से..... और इसे महसूस करें क्योंकि यह आपके सिर के शीर्ष पर आपके क्राउन चक्र में प्रवेश करता है...... अब, मैं चाहता हूं कि आप आत्मज्ञान की एक सीढ़ी की कल्पना करें, एक सुनहरी सीढ़ी जो ज्ञानोदय के विमान तक जाती है। मैं चाहता हूं कि अब आप कल्पना करें कि आप इस सीढ़ी पर चढ़ना शुरू कर रहे हैं। अपने शरीर से बाहर चढ़ना, छत के माध्यम से, इस इमारत की छत के माध्यम से बाहर निकलना। अब चारों ओर देखो। आप कितनी दूर तक देख सकते हैं?..... जब तक आप शहर से एक मील ऊपर न हो जाएं तब तक चढ़ाई जारी रखें। अब आप क्या देख सकते हैं?.... जैसे-जैसे आप चढ़ना जारी रखते हैं, मैं एक से तीन तक गिनने जा रहा हूं और जब मैं तीन पर पहुंच जाऊंगा, तो आप पृथ्वी और चंद्रमा के बीच आधे रास्ते पर होंगे और ज्ञान की सीढ़ी पर चढ़ेंगे। एक।।।। आपकी आत्मा पहले से ही जानती है कि वह स्थान कहाँ है। दो।।।। यह सिर्फ अपने आप को वहां पहुंचने की अनुमति देने की बात है।

तीन।।।। तुम वहाँ हो।।।। पृथ्वी और चंद्रमा के बीच आधा रास्ता। पृथ्वी की ओर देखते हुए आप क्या देख सकते हैं?.... अब चंद्रमा को देखते

हुए मैं चाहता हूं कि आप ऊंचे और ऊंचे चढ़ें। हम चंद्रमा के पीछे सभी तरह से ज्ञान की सीढ़ी पर चढ़ने जा रहे हैं .... ज्ञानोदय विमान के लिए सभी तरह से। मैं फिर से एक से तीन तक गिनने जा रहा हूं, और जब मैं तीन पर पहुंच जाऊंगा, तो आप अपनी सीढ़ी से ज्ञानोदय विमान पर चढ़ जाएंगे। एक।।।। आपकी आत्मा ठीक-ठीक जानती है कि ज्ञानोदय विमान कहाँ है। दो।।।। यह सिर्फ अपने आप को वहां ले जाने की अनुमति देने की बात है। तीन।।।। वहाँ तुम हो, अपनी सीढ़ी से ऊपर चढ़ते हुए, ज्ञानोदय के तल पर...। आप देखेंगे कि प्रकाश बहुत उज्ज्वल और ज्वलंत है। आप बिना शर्त प्यार को महसूस कर सकते हैं जो हर चीज में व्याप्त और प्रवेश करता है। आप गीत, धुन, वीणा सुन सकते हैं... और आप जानते हैं कि यह अनंत शांति, आनंद, प्रेम, सद्भाव और आत्मज्ञान का स्थान है..... अब, मैं चाहता हूं कि आप अपने रेकी मास्टर इन स्पिरिट को यहां शामिल होने के लिए बुलाएं..... और मैं चाहता हूं कि आप इसे सभी रुकावटों, बाधाओं, भयों, सीमाओं, या पुराने, पुराने पैटर्न की भावनाओं को दूर करने में आपकी सहायता करने के लिए कहें........ उन सभी को जाने दो..... और अब, अपने रेकी मास्टर को इस केंद्र को भरने में आपकी सहायता करने की अनुमति देता है। इसे ठीक करना, इसमें सामंजस्य स्थापित करना और इसे संतुलित करना...। यह जानते हुए कि आप आसानी से प्रकट होने की अपनी क्षमता में असीमित हैं...। यह जानते हुए कि आप आत्म-सशक्त होने और निर्णय लेने और हर समय आपके सर्वोच्च अच्छे के लिए विकल्प चुनने की अपनी क्षमता में असीमित हैं..... यह जानते हुए कि आप शांति, प्रेम, आनंद, आनंद, सद्भाव और सच्ची अंतरंगता का अनुभव करने की अपनी क्षमता में असीमित हैं।

और अब अपनी जागरूकता को अपने चौथे प्रकाश शरीर केंद्र, अपने हृदय चक्र तक ले जा रहा है...। और अपने रेकी मास्टर को आपके प्यार और आत्मीयता के आसपास की सभी रुकावटों को दूर करने में आपकी सहायता करने की अनुमति देता है, जिसका अर्थ है अपने और दूसरों के लिए बिना शर्त प्यार........ किसी भी समय आपको किसी भी कारण से आंका गया था........ जब भी आप किसी और को जज करते

हैं... जब भी आपको दिल के स्तर पर चोट महसूस होती है..... सभी सशर्त प्यार जो आपने कभी किसी भी कारण से अनुभव किया है .... अब उन सभी को जाने दो, ... सभी रुकावटें .... और अब पिछले जन्मों... जब भी आपका दिल टूट गया था, अतीत या वर्तमान ... होशपूर्वक या अनजाने में.... अपने और दूसरों के लिए अपने प्यार और आत्मीयता के आसपास की सभी रुकावटों को छोड़ दें, अतीत या वर्तमान, इस जीवनकाल या पिछले जन्मों के लिए। यह सब जाने दो..... और अब, अपने रेकी मास्टर को इस प्रकाश शरीर केंद्र को वापस भरने में आपकी सहायता करने की अनुमति दें ... इसे ठीक करना, इसमें सामंजस्य स्थापित करना और इसे संतुलित करना... यह जानते हुए कि आप स्वस्थ, उचित तरीके से खुद को और दूसरों से प्यार करने की अपनी क्षमता में असीमित हैं ... यह जानते हुए कि आप स्वस्थ, पोषण, सहायक, प्रेमपूर्ण रिश्तों को आकर्षित करने की अपनी क्षमता में असीमित हैं और यह जानने के लिए कि आप उनके लायक हैं।

अब, अपनी जागरूकता को अपने पांचवें प्रकाश शरीर केंद्र तक ले जा रहा है ... आपका गला चक्र... आपका संचार केंद्र.... और आपके संचार और आपकी बुद्धिमत्ता के आसपास की सभी रुकावटों को दूर करने की अनुमति देता है। जब भी आप बात कर रहे थे, और किसी ने आपकी बात नहीं सुनी... जब भी आपको अनसुना महसूस हुआ... जब भी आपको गलत समझा गया... जब भी आप अपनी बुद्धि को छिपाते हैं... जब भी आप अपने खुद के बजाय किसी की सच्चाई कहते हैं... जब भी आपने अपना सच नहीं बोला... अब सभी रुकावटों को जाने दें... और अब आपके संचार और बुद्धि के संबंध में पिछले जन्मों की सभी रुकावटें... जब भी आपका संचार या इसकी कमी, आपको परेशानी में डाल देती है... अतीत या वर्तमान.... अब अपने रेकी मास्टर को अपने संचार और बुद्धि, सचेत या अचेतन, अतीत या वर्तमान के आसपास की सभी रुकावटों को दूर करने में आपकी सहायता करने की अनुमति दें... यह जाने दो।।।।। और अब अपने रेकी मास्टर को इस केंद्र को वापस भरने में आपकी सहायता करने की अनुमति दें ... इसे ठीक करना, इसमें सामंजस्य स्थापित करना, इसे संतुलित करना...

यह जानते हुए कि आप सही रूप में और सही सामग्री के साथ अपना सच बोलने की अपनी क्षमता में असीमित हैं। यह जानते हुए कि आप अपनी बुद्धि का उपयोग उन तरीकों से करने की क्षमता में असीमित हैं जो आपकी सर्वोत्तम सेवा करते हैं।

और अब, अपनी जागरूकता को अपने छठे प्रकाश शरीर केंद्र, अपनी तीसरी आंख, अपने मानसिक और धारणा केंद्र तक ले जाएं। अपने रेकी मास्टर चीजों की अपनी धारणा के आसपास सभी रुकावटों को दूर करने में आपकी सहायता करने की अनुमति देना.... जब भी आपको कुछ न देखने के लिए आंका जाता था ... जब भी आप इनकार में होने के लिए खुद को आंकते हैं... जब भी आपने खुद से सच्चाई छिपाने की कोशिश की... जब भी किसी ने आपके अंतर्ज्ञान या मानसिक क्षमताओं का न्याय किया..... कभी भी आपको अपनी मानसिक क्षमताओं पर भरोसा नहीं था। पिछले जन्मों में जहां आपने चीजों के बारे में अपनी धारणा को नजरअंदाज कर दिया ... पिछले जीवन जहां आपने अपनी उपचार क्षमताओं या अपनी मानसिक क्षमताओं को नजरअंदाज कर दिया..... अब सभी रुकावटों को छोड़ दें ... आपकी धारणा, मानसिक क्षमताओं, उपचार क्षमताओं, सचेत या अचेतन, पिछले जीवन या वर्तमान के आसपास ... उन सभी को जाने दो... और अब, अपने रेकी मास्टर को इस केंद्र को वापस भरने, इसे ठीक करने, इसे सामंजस्य बनाने और इसे संतुलित करने में आपकी सहायता करने की अनुमति देता है.......... यह जानते हुए कि आप स्पष्ट, सटीक धारणा रखने और उस पर कार्य करने की अपनी क्षमता में असीमित हैं..... यह जानते हुए कि आप अपने अंतर्ज्ञान, अपनी मानसिक क्षमता, अपनी छठी इंद्रिय का उपयोग करने और उस पर भरोसा करने की क्षमता में असीमित हैं। यह जानते हुए कि आप अपनी असीमित उपचार क्षमताओं का उपयोग करने की क्षमता में असीमित हैं। अपने आप को इसे करने की अनुमति दें... अपने आप को इसका सम्मान करने की अनुमति दें।

और अब, अपनी जागरूकता को अपने सातवें प्रकाश शरीर केंद्र तक ले जा रहे हैं........ आपका क्राउन चक्र.... आपका आध्यात्मिक केंद्र.... अपने रेकी मास्टर को आपकी आध्यात्मिकता या आपके धार्मिक विश्वासों के आसपास की किसी भी रुकावट को दूर करने में आपकी सहायता करने की अनुमति देना। जब भी आपको आपकी आध्यात्मिक या धार्मिक मान्यताओं के लिए आंका जाता था। जब भी आप भगवान या अपने उच्च स्व द्वारा परित्यक्त महसूस करते हैं .... जब भी आपने भगवान या अपने उच्च स्व को छोड़ दिया ... इसे अभी जारी करें... सभी रुकावटें... और अब, पिछले जन्मों में जहां आपको अपनी आध्यात्मिक सच्चाई को छिपाना पड़ता था... इसे अब जाने दो ... अब आपको सीमित होने की जरूरत नहीं है... अपने आध्यात्मिक या धार्मिक विश्वासों के आसपास की सभी रुकावटों को दूर करें, चेतन या अचेतन..... अपने रेकी मास्टर को इस प्रकाश शरीर केंद्र को वापस भरने में आपकी सहायता करने की अनुमति देना, इसे ठीक करना, इसे सामंजस्य बनाना और इसे संतुलित करना..... यह जानते हुए कि आप अपने उच्च स्व के साथ एक होने की अपनी क्षमता में असीमित हैं। यह जानते हुए कि आप अपने स्रोत या भगवान से जुड़ने, समर्थित होने और एक होने की अपनी क्षमता में असीमित हैं। यह जानते हुए कि आप अपने आध्यात्मिक सत्य को जीने में असीमित हैं, चाहे वह कुछ भी हो...। यह जानते हुए कि ब्रह्मांड इसमें आपका साथ देगा..... यह जानते हुए कि आपका उच्च स्व ... अभिभावक देवदूत.... दिव्य स्रोत... भगवान, चाहे आप इसे किसी भी रूप में देखें, हमेशा बिना शर्त आपका समर्थन, पोषण और प्यार करते हैं।

छात्र को आकर्षित करें:

एक. जबकि छात्र अपने "हुई यिन" को पकड़ता है, राकू प्रतीक के साथ अपना मुकुट चक्र खोलता है, फिर रेकी स्तर 3- राकू प्रतीक को अपने मुकुट, हृदय और हथेलियों में खींचता है।

दो. अब, छात्र "गुर्दे की सांस" लेता है।

तीन. राकू प्रतीक के साथ उनके मुकुट को बंद करें ...

चार. फिर, ध्यान का दूसरा भाग जारी रखें...

रेकी स्तर 3 प्रतीक

रेकी "मास्टर" प्रतीक

राकू

राकू प्रतीक रेकी में कम-ज्ञात लेकिन बहुत शक्तिशाली प्रतीकों में से एक है, जो विशेष रूप से एट्यूनमेंट प्रक्रिया से जुड़ा हुआ है। यह आमतौर पर नियमित रेकी सत्रों में उपयोग नहीं किया जाता है, लेकिन रेकी प्रशिक्षण के मास्टर स्तर में attunements के दौरान एक महत्वपूर्ण भूमिका निभाता है।

राकू प्रतीक का अवलोकन

एक. प्रकाशन

- राकू प्रतीक आमतौर पर ज़िगज़ैग या बिजली के बोल्ट के आकार के रूप में खींचा जाता है। यह रूप में सरल है लेकिन इसमें गहरी और शक्तिशाली ऊर्जा है।

दो. अर्थ और उद्देश्य

- पृथक्करण और ग्राउंडिंग: राकू प्रतीक का प्राथमिक उद्देश्य रेकी मास्टर और छात्र की ऊर्जाओं को एक समायोजन के बाद अलग करना है। यह ऊर्जा को आधार देता है और एट्यूनमेंट प्रक्रिया को सील करने में मदद करता है।
- ऊर्जा रिलीज: राकू का उपयोग शरीर से नकारात्मक ऊर्जा और रुकावटों को दूर करने के लिए भी किया जाता है, जिससे व्यक्ति उपचार के प्रति अधिक ग्रहणशील हो जाता है।
- संतुलन: यह प्राप्तकर्ता के शरीर के भीतर ऊर्जा को संतुलित और स्थिर करने में सहायता करता है, यह सुनिश्चित करता है कि नई अनुकूलित ऊर्जाएं ठीक से एकीकृत हैं।

राकू प्रतीक का उपयोग करना

एक. एट्यूनमेंट के दौरान

- एट्यूनमेंट में अंतिम चरण: राकू का उपयोग आमतौर पर एट्यूनमेंट प्रक्रिया के अंत में किया जाता है। रेकी मास्टर ऊर्जा को जमीन और सील करने में मदद

करने के लिए छात्र की रीढ़ की हड्डी के नीचे प्रतीक खींचता है।

- ग्राउंडिंग ऊर्जा: राकू प्रतीक बनाकर, मास्टर यह सुनिश्चित करता है कि छात्र की ऊर्जा स्थिर है, ऊर्जा अधिभार को रोकने में मदद करती है और रेकी ऊर्जा के सुचारू प्रवाह को सुनिश्चित करती है।

दो. समाशोधन और ग्राउंडिंग

- ऊर्जा समाशोधन: हालांकि कम आम है, राकू का उपयोग रेकी सत्र के दौरान ऊर्जा क्षेत्र को साफ करने और प्राप्तकर्ता को ग्राउंड करने में मदद करने के लिए किया जा सकता है। यह उन व्यक्तियों के लिए विशेष रूप से उपयोगी हो सकता है जो निराधार महसूस करते हैं या महत्वपूर्ण ऊर्जावान रुकावटों का अनुभव कर रहे हैं।
- व्यक्तिगत उपयोग: रेकी मास्टर्स एक सत्र या एट्यूनमेंट के बाद अपनी ऊर्जा को जमीन पर रखने के लिए राकू का उपयोग कर सकते हैं, जिससे प्राप्तकर्ता से उठाई गई किसी भी अवशिष्ट ऊर्जा को जारी करने में मदद मिलती है।

तीन. यदि क्षेत्र अखरोट से छोटा है, तो चोकुरेई का उपयोग न करें।

राकू को आकर्षित करने और उपयोग करने के चरण

एक. प्रतीक की कल्पना करें

- राकू बनाने से पहले, अपने दिमाग में प्रतीक की कल्पना करने के लिए कुछ समय निकालें। इसे ग्राउंडिंग ऊर्जा से भरे एक शक्तिशाली बिजली के बोल्ट के रूप में देखें।

दो. ड्राइंग राकू

- शीर्ष से शुरू करें और नीचे की ओर एक ज़िगज़ैग पैटर्न बनाएं। ज़िगज़ैग लाइनों की संख्या अलग-अलग

हो सकती है, लेकिन सबसे महत्वपूर्ण पहलू ड्राइंग के पीछे का इरादा है।

- जैसे ही आप चित्र बनाते हैं, ऊर्जा को ग्राउंडिंग, सीलिंग और संतुलित करने के इरादे पर ध्यान केंद्रित करें।

तीन. ऊर्जा को ग्राउंडिंग करना

- राकू को सिर के ऊपर से प्राप्तकर्ता की रीढ़ की हड्डी के नीचे खींचें। कल्पना करें कि प्रतीक की ऊर्जा पृथ्वी में गहराई से उतर रही है।
- यदि व्यक्तिगत ग्राउंडिंग के लिए इसका उपयोग कर रहे हैं, तो प्रतीक को अपने शरीर के नीचे खींचें, या तो शारीरिक रूप से अपने हाथ से या मानसिक रूप से अपने दिमाग की आंख से।

चार. एट्यूनमेंट को सील करना

- ट्यूनमेंट प्रक्रिया पूरी करने के बाद, छात्र के भीतर ऊर्जा को सील करने के लिए राकू बनाएं। यह नई ऊर्जाओं को एकीकृत करने में मदद करता है और यह सुनिश्चित करता है कि वे संतुलित और जमीन से जुड़े रहें।

राकू का उपयोग करने के लिए व्यावहारिक सुझाव

स्पष्ट इरादे

एक. राकू प्रतीक का उपयोग करने से पहले हमेशा एक स्पष्ट इरादा निर्धारित करें। चाहे आप ग्राउंडिंग, क्लियरिंग या सीलिंग कर रहे हों, आपका इरादा ऊर्जा को प्रभावी ढंग से निर्देशित करेगा।

- उदाहरण का इरादा: "मैं राकू की शक्ति का उपयोग ऊर्जा को स्थिर करने और स्थिर करने के लिए करता हूं, जिससे संतुलन और सद्भाव सुनिश्चित होता है।

दो. नियमित रूप से अभ्यास करें

- राकू प्रतीक को उसकी ऊर्जा और रूप से परिचित होने के लिए नियमित रूप से चित्रित करने का अभ्यास करें। इससे आपको एट्यूनमेंट और उपचार सत्रों के दौरान इसे अधिक प्रभावी ढंग से उपयोग करने में मदद मिलेगी।

तीन. अपने आप को जमीन पर उतारें

- सुनिश्चित करें कि आप दूसरों पर राकू का उपयोग करने से पहले अच्छी तरह से जमीन पर हैं। अपने आप को ग्राउंडिंग करने से आपको प्रतीक की ऊर्जा को अधिक प्रभावी ढंग से चैनल करने और ऊर्जा अधिभार को रोकने में मदद मिलेगी।

चार. अन्य प्रतीकों के साथ मिलाएं

- राकू को इसके प्रभाव को बढ़ाने के लिए अन्य रेकी प्रतीकों के साथ जोड़ा जा सकता है, जैसे कि चो कू रेई और सेई हे की। उदाहरण के लिए, चो कू री का उपयोग शक्ति के लिए किया जाता है, सेई हे की का उपयोग भावनात्मक संतुलन के लिए किया जाता है, और राकू का उपयोग ग्राउंडिंग और सीलिंग के लिए किया जाता है।

राकू प्रतीक के लाभ

एक. उन्नत ग्राउंडिंग

- यह चिकित्सकों और प्राप्तकर्ताओं को अधिक जमीन से जुड़ा हुआ और पृथ्वी से जुड़ा हुआ महसूस करने में मदद करता है, स्थिरता और संतुलन प्रदान करता है।

दो. ऊर्जा एकीकरण

- अनुकूलन के दौरान नई ऊर्जाओं के एकीकरण की सुविधा प्रदान करता है, यह सुनिश्चित करता है कि वे प्राप्तकर्ता के शरीर के भीतर ठीक से अवशोषित और संतुलित हैं।

तीन. ऊर्जा समाशोधन

- नकारात्मक ऊर्जाओं और रुकावटों को दूर करने में प्रभावी, एक स्पष्ट और अधिक संतुलित ऊर्जा प्रवाह को बढ़ावा देना।

चार. सीलिंग और सुरक्षा

- यह प्राप्तकर्ता के भीतर ऊर्जा को सील करता है, इसे बाहरी प्रभावों से बचाता है और यह सुनिश्चित करता है कि यह स्थिर और सामंजस्यपूर्ण बना रहे।

राकू रेकी प्रतीक एक शक्तिशाली उपकरण है जिसका उपयोग मुख्य रूप से जमीन और सील ऊर्जा के लिए अनुकूलन के दौरान किया जाता है। हालांकि यह आमतौर पर रोजमर्रा के रेकी सत्रों में उपयोग नहीं किया जाता है, लेकिन नई ऊर्जाओं के उचित एकीकरण और संतुलन को सुनिश्चित करने के लिए ट्यूट्यूनमेंट प्रक्रिया में इसकी भूमिका महत्वपूर्ण है। राकू के उपयोग को समझने और अभ्यास करके, रेकी चिकित्सक अपने छात्रों और ग्राहकों को प्रभावी और जमीनी उपचार प्रदान करने की अपनी क्षमता को बढ़ा सकते हैं।

राकू पुष्टि

"मेरा मानना है कि एक महान ब्रह्मांडीय चुंबक है जो सत्य, प्रेम और प्रकाश की भावना के रूप में प्रकट होता है। यह ब्रह्मांडीय चुंबक मेरे दिव्य स्वभाव के हिस्से के रूप में मुझमें रहता है।

मैं अपनी आत्मा में शुद्ध सफेद रोशनी को पहचानता हूं। मेरी आत्मा में यह पवित्र आत्मा लगातार मुझे हर उस चीज में मार्गदर्शन करता है जो मैं सोचता हूं, कहता हूं और करता हूं।

अपने चुंबकीय व्यक्तित्व के माध्यम से, मैं अपने संसाधनों को दुनिया में डालता हूं। जैसा मैं देता हूं, वैसा ही मैं प्राप्त करूंगा, अपना जीवन खुशी से जीऊंगा, रचनात्मक रूप से व्यक्त करूंगा, और पूर्ण कल्याण का अनुभव करूंगा।

अभी और हमेशा के लिए ऐसा ही रहेगा।

दाई को म्यो

大光明

दाई को म्यो प्रतीक रेकी में सबसे महत्वपूर्ण और शक्तिशाली प्रतीकों में से एक है, जिसे अक्सर मास्टर प्रतीक के रूप में जाना जाता है। यह मुख्य रूप से रेकी मास्टर्स द्वारा उपयोग किया जाता है और रेकी प्रशिक्षण (रेकी मास्टर स्तर) के तीसरे स्तर के दौरान पेश किया जाता है। यह प्रतीक अन्य सभी रेकी प्रतीकों की ऊर्जा को समाहित करता है और उच्चतम स्तर के आध्यात्मिक ज्ञान और सशक्तिकरण का प्रतिनिधित्व करता है।

दाई को म्यो प्रतीक का अवलोकन

दो) प्रकाशन

अ. दाई को म्यो प्रतीक में एक जटिल डिज़ाइन है, जिसे अक्सर सर्पिल और रेखाओं की एक श्रृंखला के रूप में दर्शाया जाता है। सटीक रूप विभिन्न रेकी परंपराओं के बीच थोड़ा भिन्न हो सकता है, लेकिन इसका मूल सार समान रहता है।

तीन) अर्थ और उद्देश्य

अ. आत्मज्ञान और सशक्तिकरण: दाई को म्यो का अर्थ है "महान चमकता प्रकाश" या "महान ज्ञानोदय। इसका उपयोग आध्यात्मिक विकास और व्यक्तिगत सशक्तिकरण को बढ़ाने के लिए किया जाता है।

आ. सभी स्तरों पर उपचार: माना जाता है कि यह प्रतीक सभी स्तरों पर काम करता है - शारीरिक, भावनात्मक, मानसिक और आध्यात्मिक - व्यापक उपचार प्रदान करता है।

इ. ऊर्जा का प्रवर्धन: दाई को मायो अन्य रेकी प्रतीकों और तकनीकों की ऊर्जा को बढ़ाता है, जिससे यह गहन उपचार के लिए एक शक्तिशाली उपकरण बन जाता है।

दाई को मायो प्रतीक का उपयोग

एक. आकर्षण

- दीक्षा: दाई को मायो का उपयोग मुख्य रूप से रेकी एट्यूनमेंट प्रक्रिया के दौरान किया जाता है, जो छात्रों को शुरू करने और सशक्त बनाने में मदद करता है। यह छात्र के ऊर्जा चैनलों को रेकी ऊर्जा की उच्च आवृत्तियों के लिए खोलता है।
- ऊर्जा को सील करना: प्रतीक का उपयोग ट्यूनमेंट को सील करने के लिए किया जाता है, जिससे यह सुनिश्चित होता है कि नए ऊर्जा मार्ग खुले और संतुलित रहें।

दो. हीलिंग सत्र

- गहरी उपचार: चिकित्सक गहरी उपचार सत्रों के लिए दाई को मायो का उपयोग करते हैं, जो बीमारियों के लक्षणों और मूल कारणों को लक्षित करते हैं।
- आध्यात्मिक विकास: इसका उपयोग आध्यात्मिक जागृति और विकास को सुविधाजनक बनाने के लिए किया जा सकता है, जिससे व्यक्तियों को उनके उच्च स्व और आध्यात्मिक मार्गदर्शकों से जुड़ने में मदद मिलती है।
- ऊर्जा प्रवर्धन: दाई को मायो को अन्य रेकी प्रतीकों के साथ जोड़ा जा सकता है, जैसे कि चो कू री और सेई हे की, उनके प्रभावों को बढ़ाने और अधिक गहन उपचार प्रदान करने के लिए।

तीन. स्व-रेकी

- व्यक्तिगत सशक्तिकरण: अभ्यासी अपने स्वयं के आध्यात्मिक विकास और व्यक्तिगत सशक्तिकरण को बढ़ाने के लिए इस प्रतीक का उपयोग करते हैं।

- दैनिक अभ्यास: दाई को म्यो को दैनिक अभ्यास में शामिल करने से उच्च कंपन अवस्था और आध्यात्मिक संरेखण बनाए रखने में मदद मिलती है।

दाई को मायो प्रतीक का उपयोग कैसे करें

एक. प्रतीक बनाना

- प्रतीक की कल्पना करें: अपने दिमाग की आंखों में प्रतीक की कल्पना करके शुरुआत करें। कल्पना कीजिए कि यह एक उज्ज्वल, चमकदार रोशनी से चमक रहा है।
- इरादे से ड्राइंग: अपने हाथ से प्रतीक बनाएं या इसे अपने दिमाग में चित्रित करने की कल्पना करें। प्रतीक के पीछे के इरादे पर ध्यान दें, चाहे वह उपचार, सशक्तिकरण या आध्यात्मिक विकास के लिए हो।

दो. जप और ध्यान करना

- नाम का जप: अपने मन में जोर से या चुपचाप "दाई को म्यो" कहने से प्रतीक की ऊर्जा को सक्रिय करने में मदद मिल सकती है। नाम को कई बार दोहराने से संबंध गहरा हो सकता है।
- ध्यान: प्रतीक पर ध्यान करें, यह कल्पना करें कि यह आपको या आपके ग्राहक को इसकी उज्ज्वल रोशनी में ढक रहा है। यह उपचार प्रक्रिया को बढ़ा सकता है और आध्यात्मिक अंतर्दृष्टि की सुविधा प्रदान कर सकता है।

तीन. अन्य प्रतीकों के साथ संयोजन

- चो कू रेई: ऊर्जा की शक्ति और फोकस को बढ़ाने के लिए चो कू री के साथ दाई को म्यो का उपयोग करें।
- सेई हे की: भावनात्मक और मानसिक उपचार के लिए सेई हे की के साथ मिलाएं।

- Hon Sha Ze Sho Nen: दूर या पिछले जीवन के उपचार के लिए Hon Sha Ze Sho Nen का उपयोग करें।

दाई को मायो प्रतीक के लाभ

एक. बढ़ी हुई आध्यात्मिक वृद्धि

- व्यक्तियों को उनके उच्च स्व, आध्यात्मिक मार्गदर्शकों और सार्वभौमिक चेतना से जुड़ने में मदद करता है, आध्यात्मिक ज्ञान और विकास को बढ़ावा देता है।

दो. व्यापक उपचार

- अस्तित्व के सभी स्तरों पर काम करता है - शारीरिक, भावनात्मक, मानसिक और आध्यात्मिक - समग्र उपचार प्रदान करता है।

तीन. ऊर्जा प्रवाह में वृद्धि

- रेकी ऊर्जा के प्रवाह को बढ़ाता है, जिससे उपचार सत्र अधिक शक्तिशाली और प्रभावी हो जाते हैं।

चार. सुरक्षा और सफाई

- नकारात्मक ऊर्जाओं से सुरक्षा प्रदान करता है और अभ्यासी और प्राप्तकर्ता दोनों के ऊर्जा क्षेत्र को शुद्ध करने में मदद करता है।

पाँच. सशक्तिकरण

- चिकित्सकों को सशक्त बनाता है, रेकी ऊर्जा को चैनल करने और प्रभावी उपचार करने की उनकी क्षमता को बढ़ाता है।

दाई को म्यो का उपयोग करने के लिए व्यावहारिक सुझाव

एक. स्पष्ट इरादे

- Dai Ko Myo का उपयोग करने से पहले हमेशा एक स्पष्ट इरादा निर्धारित करें। यह ऊर्जा को प्रभावी ढंग से निर्देशित करता है और उपचार प्रक्रिया को बढ़ाता है।
- उदाहरण का इरादा: "मैं आध्यात्मिक विकास को बढ़ाने और सभी स्तरों पर गहरी चिकित्सा प्रदान करने के लिए दाई को मायो का उपयोग करता हूं।

दो. नियमित रूप से अभ्यास करें

- इसकी ऊर्जा के साथ अधिक परिचित और आरामदायक बनने के लिए प्रतीक को अपने दैनिक रेकी अभ्यास में शामिल करें।

तीन. अपने आप को जमीन पर उतारें

- सुनिश्चित करें कि आप ऊर्जा अधिभार को रोकने और संतुलित प्रवाह बनाए रखने के लिए प्रतीक का उपयोग करने से पहले अच्छी तरह से जमीन पर हैं।

चार. खुले रहो

- दाई को म्यो का उपयोग करते समय आने वाली आध्यात्मिक अंतर्दृष्टि और मार्गदर्शन के लिए खुले रहें। यह प्रतीक अक्सर गहरी आध्यात्मिक जागरूकता और समझ की सुविधा प्रदान करता है।

दाई को मायो प्रतीक रेकी मास्टर के शस्त्रागार में एक शक्तिशाली और परिवर्तनकारी उपकरण है। इसका प्राथमिक उद्देश्य सभी स्तरों पर आध्यात्मिक ज्ञान और गहरी चिकित्सा की सुविधा प्रदान करना है। दाई को म्यो के उपयोग को समझकर और अभ्यास करके, रेकी चिकित्सक अपनी उपचार क्षमताओं को बढ़ा सकते हैं और अपने ग्राहकों के आध्यात्मिक विकास और कल्याण का समर्थन कर सकते हैं। इस प्रतीक के नियमित उपयोग से गहरा व्यक्तिगत सशक्तिकरण और सार्वभौमिक जीवन शक्ति ऊर्जा से गहरा संबंध हो सकता है।

सफेद रोशनी

रेकी सफेद रोशनी प्रतीक

रेकी व्हाइट लाइट सिंबल, जिसे व्हाइट लाइट या ग्रेट व्हाइट लाइट के रूप में भी जाना जाता है, शक्तिशाली है और अक्सर रेकी के अभ्यास में पूजनीय है। हालांकि यह पारंपरिक उसुई रेकी प्रतीकों में से एक नहीं है, इसका व्यापक रूप से विभिन्न रेकी परंपराओं और उपचार प्रथाओं में उपयोग किया जाता है। यह प्रतीक शुद्ध, दिव्य ऊर्जा का प्रतिनिधित्व करता है और आध्यात्मिक ज्ञान, सुरक्षा और गहन उपचार से जुड़ा है।

रेकी व्हाइट लाइट प्रतीक का अवलोकन

अ. प्रकाशन
- अ. सफेद प्रकाश प्रतीक का कोई विशिष्ट रूप नहीं है, पारंपरिक रेकी प्रतीकों के विपरीत। इसे अक्सर एक चमकदार सफेद रोशनी या आकाश से उतरने वाली प्रकाश की किरण के रूप में देखा जाता है।

आ. अर्थ और उद्देश्य
- अ. दिव्य ऊर्जा: सफेद प्रकाश प्रतीक उच्चतम आध्यात्मिक क्षेत्रों से शुद्ध, बिना शर्त प्रेम और दिव्य ऊर्जा का प्रतिनिधित्व करता है।
- आ. आध्यात्मिक ज्ञान आध्यात्मिक जागृति, आत्मज्ञान और उच्च चेतना से जुड़ने से जुड़ा है।
- इ. सुरक्षा और शुद्धि: प्रतीक का उपयोग नकारात्मक ऊर्जाओं से सुरक्षा और मन, शरीर और आत्मा को शुद्ध करने के लिए किया जाता है।

रेकी सफेद प्रकाश प्रतीक का उपयोग

एक. आध्यात्मिक उपचार
- उच्च स्व से जुड़ाव: सफेद प्रकाश प्रतीक उच्च स्व और आध्यात्मिक मार्गदर्शकों से जुड़ने में मदद करता है।

यह दिव्य मार्गदर्शन और ज्ञान प्राप्त करने के लिए चैनल खोलता है।

- ध्यान: अभ्यासकर्ता आध्यात्मिक जागरूकता बढ़ाने और गहरी शांति और आत्मज्ञान की स्थिति प्राप्त करने के लिए ध्यान के दौरान प्रतीक का उपयोग करते हैं।

दो. हिफ़ाज़त

- सुरक्षा कवच बनाना: सफेद रोशनी की कल्पना करने से नकारात्मक ऊर्जाओं और प्रभावों से बचाव करते हुए अपने या दूसरों के चारों ओर एक सुरक्षा कवच बन सकता है।
- अंतरिक्ष समाशोधन: इसका उपयोग भौतिक स्थानों को साफ करने और उनकी सुरक्षा के लिए किया जा सकता है, यह सुनिश्चित करते हुए कि वे ऊर्जावान रूप से शुद्ध और सुरक्षित रहें।

तीन. हीलिंग सत्र

- रेकी ऊर्जा को बढ़ाना: रेकी सत्रों के दौरान उपचार ऊर्जा को बढ़ाने और उच्चतम कंपन आवृत्तियों को लाने के लिए सफेद रोशनी प्रतीक का उपयोग किया जा सकता है।
- आभा सफाई: यह आभा को प्रभावी ढंग से साफ और मजबूत करता है, रुकावटों को दूर करता है और संतुलन बहाल करता है।

चार. दूर का उपचार

- हीलिंग एनर्जी भेजना: इस प्रतीक का उपयोग दूर के उपचार सत्रों में जरूरतमंद लोगों को समय और स्थान पर शक्तिशाली, उच्च आवृत्ति ऊर्जा भेजने के लिए किया जा सकता है।

रेकी व्हाइट लाइट प्रतीक का उपयोग कैसे करें

एक. विज़ुअलाइज़ेशन तकनीक

- ध्यान: ध्यान के दौरान, ऊपर से उतरने वाली चमकदार सफेद रोशनी की एक किरण की कल्पना करें, जो आपको शुद्ध ऊर्जा से भर देती है। कल्पना कीजिए कि यह प्रकाश आपके पूरे अस्तित्व को भर देता है और आपको परमात्मा से जोड़ता है।
- उपचार सत्र: रेकी करते समय, अपने हाथों से और प्राप्तकर्ता में बहने वाली सफेद रोशनी की कल्पना करें, जो उन्हें उपचार और सुरक्षात्मक ऊर्जा से भर देती है।

दो. जप और पुष्टि

- जप: यद्यपि श्वेत प्रकाश प्रतीक का जप करने के लिए कोई विशिष्ट नाम नहीं है, लेकिन "दिव्य प्रकाश" या "शुद्ध प्रकाश" जैसे शब्दों पर ध्यान केंद्रित करने से इसकी ऊर्जा को सक्रिय करने में मदद मिल सकती है ।
- पुष्टि: सकारात्मक पुष्टि का उपयोग करें जैसे "मैं दिव्य सफेद प्रकाश से घिरा हुआ हूं" या "पवित्रता की सफेद रोशनी मुझे भरती है और मेरी रक्षा करती है।

तीन. सुरक्षा कवच बनाना

- व्यक्तिगत सुरक्षा: कल्पना करें कि सफेद रोशनी आपके चारों ओर एक ढाल बना रही है, जो आपको किसी भी नकारात्मक ऊर्जा या प्रभाव से बचाती है।
- स्थान साफ़ करना: एक कमरे या स्थान को भरने और शुद्ध करने के लिए सफेद रोशनी की कल्पना करें, जिससे एक पवित्र और संरक्षित वातावरण बने।

चार. अन्य रेकी प्रतीकों को बढ़ाना

- पारंपरिक प्रतीकों के साथ संयोजन: सफेद प्रकाश प्रतीक का उपयोग पारंपरिक रेकी प्रतीकों जैसे चो कू

रेई, सेई हे की, और दाई को म्यो के साथ संयोजन के रूप में उनके प्रभाव को बढ़ाने और उच्च कंपन ऊर्जा में लाने के लिए।

रेकी सफेद प्रकाश प्रतीक के लाभ

एक. आध्यात्मिक विकास और आत्मज्ञान

- चेतना की उच्च स्थिति, आध्यात्मिक जागृति और ईश्वर के साथ गहरा संबंध प्राप्त करने में मदद करता है।

दो. शक्तिशाली उपचार ऊर्जा

- रेकी उपचार सत्रों की प्रभावशीलता को बढ़ाता है, शुद्ध और शक्तिशाली ऊर्जा लाता है जो व्यापक उपचार को बढ़ावा देता है।

तीन. सुरक्षा और शुद्धिकरण

- नकारात्मक ऊर्जाओं के खिलाफ एक सुरक्षा कवच बनाता है और मन, शरीर और आत्मा को शुद्ध करता है, जिससे एक सुरक्षित और सकारात्मक उपचार वातावरण सुनिश्चित होता है।

चार. उन्नत अंतर्ज्ञान और मार्गदर्शन

- आध्यात्मिक मार्गदर्शकों के साथ स्पष्ट संचार की सुविधा प्रदान करता है और सहज क्षमताओं को बढ़ाता है, मार्गदर्शन और ज्ञान प्रदान करता है।
- रेकी सफेद प्रकाश प्रतीक का उपयोग करने के लिए व्यावहारिक सुझाव

पाँच. स्पष्ट इरादे निर्धारित करें

- सफेद प्रकाश प्रतीक का उपयोग करते समय हमेशा एक स्पष्ट इरादा निर्धारित करें। आपका इरादा ऊर्जा को प्रभावी ढंग से निर्देशित करता है, चाहे वह सुरक्षा, उपचार या आध्यात्मिक विकास के लिए हो।

छः. नियमित अभ्यास

- इसकी ऊर्जा और प्रभावों से खुद को परिचित करने के लिए अपने नियमित रेकी अभ्यास और ध्यान सत्रों में व्हाइट लाइट सिंबल को शामिल करें।

सात. जमीन से जुड़े रहो

- व्हाइट लाइट जैसी उच्च आवृत्ति ऊर्जा के साथ काम करते समय, सुनिश्चित करें कि आप जमीन से जुड़े रहें। यह संतुलन बनाए रखने और ऊर्जा को सुचारू रूप से एकीकृत करने में मदद करता है।

आठ. प्रक्रिया पर भरोसा करें

- सफेद प्रकाश प्रतीक की शक्ति और उसके द्वारा दर्शाई जाने वाली दिव्य ऊर्जा पर भरोसा रखें। गहन उपचार और परिवर्तन लाने की इसकी क्षमता पर विश्वास रखें।

रेकी व्हाइट लाइट सिंबल एक शक्तिशाली और बहुमुखी आध्यात्मिक उपचार, सुरक्षा और ज्ञानोदय उपकरण है। हालांकि यह पारंपरिक उसुई रेकी प्रणाली का हिस्सा नहीं है, लेकिन इसके गहन लाभों के लिए इसे विभिन्न रेकी प्रथाओं में व्यापक रूप से अपनाया जाता है। अपने रेकी अभ्यास में सफेद प्रकाश प्रतीक को समझना और शामिल करना आपकी उपचार क्षमताओं को बढ़ा सकता है, आध्यात्मिक विकास प्राप्त कर सकता है और अपने और दूसरों के लिए एक सुरक्षित और संरक्षित वातावरण बना सकता है।

लेवल 3 एट्यूनमेंट मेडिटेशन का भाग "दो"

प्रतीकों को चित्रित करने के बाद इस दूसरे भाग को पढ़ें:

अब, आप एक द्वार को नोटिस करने जा रहे हैं ... इस द्वार के दूसरी ओर, ज्ञानोदय तल पर ब्रह्मांड के अन्य सभी सच्चे स्वामी आपसे मिलने की प्रतीक्षा कर रहे हैं..... मैं चाहता हूं कि अब आप इस द्वार तक जाएं ... इससे पहले कि हम इसके माध्यम से जाना, मैं चाहता हूं कि आप अपने रेकी मास्टर को कुछ और जो आपको मास्टर होने से रोकेगा उसे हटाने में आपकी सहायता करने की अनुमति दें..... इस द्वार के दूसरी तरफ आपके लिए बिना शर्त प्यार है। जो कुछ भी प्यार नहीं है वह इस दरवाजे से नहीं जा सकता..... कोई भी भय, निर्णय, रुकावटें, बाधाएं, झूठ, असत्य या इनकार प्यार नहीं हैं। अपने रेकी मास्टर को बाकी सभी रुकावटें, बाधाओं, भय, सीमाओं और पुराने पुराने पैटर्न को आत्मा के स्तर पर और शरीर के स्तर पर कहीं से भी लेने और उन्हें अब जारी करने की अनुमति दें..... और अब दरवाजे से चलो... और अपने जीवन के सभी पहलुओं में अवशोषित हो, भरे रहें, बिना शर्त प्यार से गले लगाएं। ब्रह्मांड के सभी सच्चे स्वामी आपका स्वागत करने के लिए वहां हैं। वे आपको गले लगाते हैं ... वे आपका सम्मान करते हैं... अपने आप को इसे प्राप्त करने की अनुमति दें और इसे अपने अस्तित्व के मूल तक महसूस करें। ग्रैंड मास्टर आपके पास आते हैं और कहते हैं, "नमस्ते, आपका स्वागत है। आपने यहां तक पहुंचने के लिए जो किया है, उसके लिए मुझे आप पर बहुत गर्व है। .... और यह आपसे पूछता है, "क्या आपके पास उपचार की चाबियाँ हैं?" .... और आप कहते हैं, "हाँ, मेरे पास चंगाई की चाबियाँ हैं। .... और यह आपसे पूछता है, "क्या आप उन्हें याद रखेंगे? .... और आप कहते हैं, "हाँ, मैं उन्हें याद रखूंगा। .... और यह आपसे पूछता है, "क्या आप सुनिश्चित करेंगे कि वे खो न जाएं?" .... और आप कहते हैं, "हाँ, मैं यह सुनिश्चित

करूँगा कि वे खो न जाएँ। .... और यह आपसे पूछता है, "क्या आप रेकी मास्टर हैं?" .... और आप कहते हैं, "हाँ, मैं एक रेकी मास्टर हूँ। .... और यह आपसे पूछता है, "आप उपचार की इन कुंजियों का क्या करेंगे जो आपको मिल गई हैं?"।

अब ग्रैंड मास्टर आपको एक उपहार देते हैं... यह ऊर्जा उपहार आपके शरीर के भीतर रखा जाना है जब आप इसे वापस प्राप्त करते हैं, और यह आपको सेलुलर स्तर तक सभी तरह से याद दिलाएगा कि आप एक रेकी मास्टर हैं और इसके लिए खुद का सम्मान करने के लिए। यह आपको बताता है कि जब आप वापस आते हैं तो इसे अपने भौतिक रूप में कहां रखना है और इसे कैसे सक्रिय करना है..... अब जाने का समय आ गया है... ग्रैंड मास्टर आपको फिर से सम्मानित करते हैं,.... आपको गले लगाना..... महारत हासिल करने के लिए आपने जो कदम उठाया है, उसके लिए आपको फिर से बधाई। अन्य स्वामी एक बार फिर आपका सम्मान करते हैं..... अब जाने का समय हो गया है, लेकिन आप जानते हैं कि आप उनके साथ जुड़ने के लिए कभी भी यहां वापस आ सकते हैं..... वे हमेशा आत्मा के स्तर पर आपके साथ हैं। अब, द्वार के माध्यम से वापस चलें, और आपका रेकी मास्टर आपको बधाई दे रहा है और आपको बता रहा है कि महारत में अपनी यात्रा पूरी करने के बारे में कैसा लगता है।

और अब आपकी सीढ़ी एक फायरमैन के खंभे में बदल गई है, और आप फायरमैन के खंभे से नीचे सभी तरह से स्लाइड करने जा रहे हैं, आपके शरीर में सभी तरह से नीचे ... तो यहाँ आप हैं, चंद्रमा और पृथ्वी के बीच आधे रास्ते में... शहर से एक मील ऊपर... इस इमारत की छत पर... इस कमरे की छत से नीचे... अपने आप को व्यवस्थित करना ताकि आप सीधे अपने शरीर में चले जाएं। अपने पैर की उंगलियों तक सभी तरह से...। और अब आप ग्रैंड मास्टर द्वारा आपको दिया गया उपहार लेने जा रहे हैं और इसे अपने भीतर रखेंगे, जहां उन्होंने आपको कहा था...। अब, आप तीन गहरी साँसें लेने जा रहे हैं। जैसे ही आप सांस लेते हैं, आप चेतना में उस क्वांटम छलांग में सांस लेने जा रहे हैं

जो आपने ली है। जैसे ही आप सांस छोड़ते हैं, आप रेकी मास्टर बनने के लिए हर सेल को फिर से प्रोग्राम करने जा रहे हैं।

तो, सांस लेना... चेतना में क्वांटम छलांग....

साँस छोड़ना.... रेकी मास्टर बनने के लिए हर सेल की प्रोग्रामिंग।

सांस ले रहा है.... चेतना में क्वांटम छलांग...

साँस छोड़ना.... एक रेकी मास्टर होने के लिए हर सेल प्रोग्रामिंग, एक बार और बार, में साँस लेने.... चेतना में क्वांटम छलांग।

साँस छोड़ना.... रेकी मास्टर बनने के लिए हर सेल की प्रोग्रामिंग।

मैं एक से तीन तक गिनने जा रहा हूं, और जब मैं तीन तक पहुंच जाऊंगा, तो आप व्यापक रूप से जागेंगे, पूरी तरह से सतर्क होंगे, और अद्‌भुत महसूस करेंगे, यह जानते हुए कि आपके शरीर की हर कोशिका मास्टर डिग्री रेकी के अनुरूप है।

एक, डीएनए तक हर कोशिका मास्टर डिग्री रेकी से जुड़ी होती है। दो, यह अपने आप को यह जानने और उसका सम्मान करने की अनुमति देने की बात है...।

तीन, जागना, अद्‌भुत महसूस करना, अपनी बाहों और पैरों को फैलाना, अपने पैर की उंगलियों को हिलाना, भयानक महसूस करना!

प्रत्येक छात्र अपने अनुभव के बारे में बात करें *(जो वे अपने रेकी मास्टर के रूप में मिले थे)*।

ऑरस को समझना

रेकी स्तर 3 के छात्रों के लिए आवश्यक ज्ञान

मेरी पुस्तक में इस विषय पर और अधिक पढ़ाया गया है, "एक मरहम लगाने वाले का रहस्य - रेकी का जादू (खंड X)

ट्रेड पेपरबैक आईएसबीएन: 978-1-7772220-0-0
ईबुक आईएसबीएन 978-1-7772220-1-7

ऑरस का परिचय

आभा एक विद्युत चुम्बकीय ऊर्जा क्षेत्र है जो भौतिक शरीर को घेरता है और उसमें प्रवेश करता है। यह क्षेत्र हमारी शारीरिक, भावनात्मक, मानसिक और आध्यात्मिक अवस्थाओं को दर्शाता है। रेकी में आभा को समझना महत्वपूर्ण है क्योंकि वे उपचार प्रक्रिया में महत्वपूर्ण भूमिका निभाते हैं।

आभा क्या है?

एक. ऊर्जा क्षेत्र: आभा ऊर्जा की परतों से बनी होती है जो भौतिक शरीर से परे फैली होती है। प्रत्येक परत हमारे अस्तित्व के विभिन्न पहलुओं से मेल खाती है।

दो. रंग और पैटर्न: आभा विभिन्न रंगों और पैटर्न को प्रदर्शित कर सकती है, जिनमें से प्रत्येक अलग-अलग भावनात्मक, मानसिक और आध्यात्मिक अवस्थाओं का प्रतिनिधित्व करता है। ये रंग किसी व्यक्ति के मूड, स्वास्थ्य और आध्यात्मिक स्थिति के आधार पर बदल सकते हैं।

रेकी में आभा का महत्व

एक. निदान और उपचार: रेकी चिकित्सक आभा को समझकर और समझकर किसी व्यक्ति के ऊर्जा क्षेत्र में असंतुलन और रुकावटों का निदान कर सकते हैं। यह क्षमता अधिक सटीक और प्रभावी उपचार सत्रों की अनुमति देती है।

दो. चक्र कनेक्शन: आभा चक्रों, शरीर में ऊर्जा केंद्रों से निकटता से जुड़ी हुई हैं। आभा में असंतुलन अक्सर एक या अधिक चक्रों के साथ एक समस्या का संकेत देता है।

तीन. ऊर्जा प्रवाह: आभा शरीर में और उसके आसपास जीवन शक्ति ऊर्जा (रेकी) के प्रवाह को दर्शाती है। एक स्वस्थ आभा ऊर्जा के संतुलित और सामंजस्यपूर्ण प्रवाह का प्रतीक है।

स्तर 3 के छात्रों को आभा को समझने की आवश्यकता क्यों है?

एक. उन्नत उपचार तकनीकें:

- आभा सफाई: मास्टर स्तर पर, छात्र आभा को साफ करने और संतुलित करने के लिए उन्नत तकनीक सीखते हैं। इस प्रक्रिया में नकारात्मक ऊर्जाओं को दूर करना और सकारात्मक ऊर्जा के प्रवाह को बढ़ाना शामिल है।
- चक्र संतुलन: आभा को समझने से मास्टर्स को अधिक प्रभावी चक्र संतुलन बनाने की अनुमति मिलती है, जिससे यह सुनिश्चित होता है कि प्रत्येक ऊर्जा केंद्र बेहतर तरीके से काम कर रहा है।

दो. बढ़ी हुई धारणा:

- सहज क्षमता: मास्टर स्तर के छात्र अक्सर उन्नत सहज क्षमताएं विकसित करते हैं, जिससे उन्हें आभा के रंगों और पैटर्न को अधिक सटीक रूप से समझने और व्याख्या करने की अनुमति मिलती है।

- ऊर्जा संवेदनशीलता: ऊर्जा क्षेत्रों के प्रति अधिक संवेदनशीलता मास्टर्स को सूक्ष्म असंतुलन का पता लगाने और शारीरिक या भावनात्मक रूप से प्रकट होने से पहले उन्हें संबोधित करने में सक्षम बनाती है।

तीन. दूसरों को पढ़ाना और उनका अनुकरण करना:

- छात्र मार्गदर्शन: रेकी को पढ़ाते समय, परास्नातक को छात्रों को आभा को समझने और समझने की क्षमता विकसित करने में मार्गदर्शन करना चाहिए। यह ज्ञान नए चिकित्सकों को अधिक प्रभावी चिकित्सक बनने में मदद करता है।
- अनुकूलन प्रक्रिया: अट्यूनमेंट के दौरान, आभा को समझना महत्वपूर्ण है। परास्नातक को यह सुनिश्चित करने की आवश्यकता है कि छात्र की आभा रेकी ऊर्जा के प्रति स्पष्ट और ग्रहणशील हो।

स्तर 3 प्रशिक्षण में व्यावहारिक अनुप्रयोग

चार. आभा पढ़ने का अभ्यास:

- व्यायाम और तकनीक: मास्टर्स छात्रों को आभा देखने और महसूस करने का अभ्यास करने के लिए अभ्यास सिखाते हैं। यह अभ्यास ऊर्जा क्षेत्रों के साथ काम करने की उनकी क्षमता को बढ़ाता है।
- व्याख्या कौशल: छात्र अपने द्वारा देखे जाने वाले रंगों और पैटर्न की व्याख्या करना सीखते हैं, जिससे ग्राहक की भलाई में मूल्यवान अंतर्दृष्टि मिलती है।

पाँच. आभा सफाई के तरीके:

- व्यावहारिक तकनीक: छात्र आभा को साफ करने के लिए व्यावहारिक तकनीकों का अभ्यास करते हैं, जैसे व्यापक गति, रेकी प्रतीक और विज़ुअलाइज़ेशन।
- उपकरण और सहायता: मास्टर्स आभा सफाई में सहायता के लिए क्रिस्टल, ऋषि या ध्वनि चिकित्सा जैसे उपकरण पेश कर सकते हैं।

छः. रेकी प्रतीकों के साथ एकीकरण:

- प्रतीक उपयोग: छात्र रेकी प्रतीकों को एकीकृत करना सीखते हैं, जैसे कि चो कू रेई (पावर सिंबल) और दाई को म्यो (मास्टर सिंबल), उनकी आभा उपचार प्रथाओं में।
- उन्नत ऊर्जा प्रवाह: आभा कार्य में प्रतीकों का उपयोग करने से रेकी ऊर्जा का प्रवाह बढ़ता है, जिससे गहरी और अधिक व्यापक उपचार को बढ़ावा मिलता है।

आभा को समझना और उसके साथ काम करना रेकी लेवल ३ प्रशिक्षण का एक मूलभूत पहलू है। यह छात्रों को उन्नत उपचार के लिए आवश्यक ज्ञान और कौशल से लैस करता है, उनकी सहज क्षमताओं को बढ़ाता है, और उन्हें दूसरों को प्रभावी ढंग से सिखाने और समायोजित करने के लिए तैयार करता है। रेकी चिकित्सक आभा तकनीकों में महारत हासिल करके अधिक समग्र और शक्तिशाली उपचार सत्र प्रदान कर सकते हैं, रेकी मास्टर्स के रूप में उनके विकास में योगदान दे सकते हैं।

स्तर ३ के छात्रों के लिए उन्नत रेकी अभ्यास

रेकी सत्र विकल्पों के प्रकार:

एक. शारीरिक उपचार

दो. दूर का उपचार

ई) विज़ुअलाइज़ेशन

उ) पूरे शरीर अनुपस्थित उपचार हाथ

ऊ) सैंडविच उपचार

तीन. मानसिक उपचार

चार. भावनात्मक उपचार

पाँच. आध्यात्मिक उपचार

अ. चक्र समाशोधन

आ. चक्रों का सामंजस्य

इ. ग्राउंडिंग व्यायाम

ई. कैज़ुअल प्लेन वर्क

इस तरह के समाशोधन के रूप में तकनीकों पर ध्यान केंद्रित करके रेकी की अपनी समझ और महारत को गहरा करें, चक्रों को सामंजस्य, ग्राउंडिंग अभ्यास, और कारण विमान के काम. ये अभ्यास आपकी उपचार क्षमताओं और आध्यात्मिक संबंधों को बढ़ाएंगे।

चक्र समाशोधन

चक्रों को समझना:

- सात मुख्य ऊर्जा केंद्र: चक्र आपके शरीर में सात मुख्य ऊर्जा केंद्र हैं, जिनमें से प्रत्येक विशिष्ट प्रकार की ऊर्जा से जुड़ा हुआ है। इसमे शामिल है:

  एक. जड़ चक्र (मूलाधार): अस्तित्व, ग्राउंडिंग और भौतिक आवश्यकताओं से जुड़ा हुआ है।

  दो. त्रिक चक्र (स्वाधिष्ठान): रचनात्मकता, कामुकता और भावनाओं से जुड़ा हुआ है।

  तीन. सौर जाल चक्र (मणिपुर): इच्छाशक्ति, व्यक्तिगत शक्ति और भावनाओं से जुड़ा हुआ है।

  चार. हृदय चक्र (अनाहत): बिना शर्त प्यार, करुणा और उपचार का प्रतिनिधित्व करता है।

  पाँच. गला चक्र (विशुद्ध): संचार, अभिव्यक्ति और सत्य को नियंत्रित करता है।

  छः. तीसरी आंख चक्र (अजना): अंतर्ज्ञान, अंतर्दृष्टि और आत्म-निपुणता से जुड़ा हुआ है।

  सात. क्राउन चक्र (सहस्रार): आध्यात्मिक संबंध और ज्ञान से संबंधित।

चक्र क्यों साफ़ करें:

एक. ऊर्जा प्रवाह: स्पष्ट चक्र रेकी ऊर्जा के मुक्त प्रवाह को सुनिश्चित करते हैं, जिससे आपकी आध्यात्मिक रूप से ठीक होने और जुड़ने की क्षमता बढ़ती है। रुकावटों से शारीरिक, मानसिक, भावनात्मक और आध्यात्मिक असामंजस्य हो सकता है।

चक्रों को कैसे साफ़ करें:

ध्यान अभ्यास: इष्टतम ऊर्जा प्रवाह बनाए रखने के लिए नियमित रूप से चक्र-समाशोधन ध्यान का अभ्यास करें। आरंभ करने के लिए, सर्वोत्तम परिणामों के लिए इसे प्रतिदिन करने का लक्ष्य रखें।

एक. Negative Energy Chakra Clearing Meditation with Dr. Constance Santego, YouTube https://youtu.be/4cYKHYDLUIo

दो. चक्र कॉर्ड मेडिटेशन से स्पष्ट करें:

- आराम से लेट जाएं या बैठ जाएं।
- अपने शरीर पर आधार/मूल चक्र ***की कल्पना करें*** । कल्पना कीजिए कि यह लाल रंग का है और कमल के फूल का आकार है (लिलीपैड फूल की तरह)।
    - कल्पना कीजिए कि यह लाल फूल खुल रहा है और किसी भी अका डोरियों को हटा दिया जा रहा है *(हवाईवासियों का मानना है कि हमारे पास लोगों के लिए लगाव - काल्पनिक डोरियों - हैं।* यह *कल्पना करके निकालें कि उन्हें मिटा दिया जा रहा है, जैसे टेलीफोन कॉर्ड को हटाना)।*
    - हम डोरियों को नहीं काटते; हम उन्हें जड़ों की तरह हमेशा के लिए हटा देते हैं।
    - एक बार जब सभी डोरियां हटा दी जाएं, तो फूल को एक स्पष्ट बुलबुले से सील कर दें।
- अपने शरीर पर त्रिक/हारा/प्लीहा चक्र ***तक जाएं*** । कल्पना कीजिए कि यह नारंगी रंग का है और कमल के फूल के आकार का है, और किसी भी संलग्न आका डोरियों को हटा दिया जाता है और फिर एक स्पष्ट बुलबुले से सील कर दिया जाता है।
- दोहराएं अनुक्रम - ***सौर जाल चक्र***, रंग कमल के फूल के

आकार में एक पीला फूल है, और किसी भी संलग्न अका डोरियों को हटा दिया जाता है और फिर एक स्पष्ट बुलबुले के साथ सील कर दिया जाता है।

- ***हृदय चक्र,*** रंग कमल के फूल के आकार में एक हरा फूल है, और किसी भी आका डोरियों से जुड़ी डोरियों को हटा दिया जाता है और फिर एक स्पष्ट बुलबुले के साथ सील कर दिया जाता है।
- ***गले का चक्र*** कमल के फूल के आकार का एक नीला फूल है, और किसी भी संलग्न अका डोरियों को हटा दिया जाता है और फिर एक स्पष्ट बुलबुले के साथ सील कर दिया जाता है।
- **भौंह/तीसरी आंख चक्र**, रंग कमल के फूल के आकार में एक नील का फूल है, और किसी भी अका डोरियों को हटा दिया जाता है और फिर एक स्पष्ट बुलबुले के साथ सील कर दिया जाता है।
- **क्राउन चक्र,** रंग एक बैंगनी फूल है और कमल के फूल के आकार में है, और किसी भी अका डोरियों को हटा दिया जाता है और फिर एक स्पष्ट बुलबुले के साथ सील कर दिया जाता है।

एक बार पूरा होने के बाद, एक सुंदर सफेद रोशनी की कल्पना करें - आकाशीय ऊर्जा आ रही है

अ. अपने सिर के माध्यम से नीचे,

आ. अपनी पीठ के नीचे,

इ. फिर मूल चक्र के माध्यम से ऊपर की ओर मुड़ना

ई. सभी चक्रों के माध्यम से अपनी रीढ़ की हड्डी को मुकुट चक्र तक ले जाएं। सभी चक्रों को साफ करना, प्रत्येक चक्र से बाहर आकर इंद्रधनुष बनाना, मुकुट चक्र से बाहर आना

उ. सुंदर ऊर्जा का फव्वारा बनाना जो आपकी आभा को साफ करता है।

ऊ. कल्पना कीजिए कि आपके पैर पृथ्वी से जुड़े हुए हैं और पृथ्वी

की ऊर्जा *(एक अद्भुत भूरा रंग)* आपके शरीर के माध्यम से आ रही है, आकाशीय ऊर्जा के साथ मिल रही है, आपको जमीन पर ले जा रही है।

ऋ. अब सकारात्मक पुष्टि के बारे में सोचें *(उदाहरण के लिए मुझे विश्वास है, मैं खुश हूं, मैं सफल हूं, आदि)*
और पुष्टि को अपने डीएनए में सील कर दें।

ऌ. अंत में, जब आप पूरे हो जाएं, तो एक सांस लें और, अपनी उंगलियों और पैर की उंगलियों को हिलाएं, अपनी आँखें खोलें ... तरोताजा महसूस कर रहा है।

तीन. रंगीन प्रकाश ध्यान के साथ स्पष्ट:

एक. समझें कि आपके शरीर में नकारात्मक ऊर्जा कहां है। यदि एक से अधिक क्षेत्र हैं, तो प्रत्येक के लिए ऐसा करें।

अ. यह किस रंग का है?

दो. अपने शरीर के एक हिस्से की कल्पना करें कि रंग ऊर्जा एक ब्रह्मांडीय कचरे में बाहर आ जाएगी या वैक्यूम किया जा सकता है।

तीन. क्रिस्टल स्पष्ट, चमकदार प्यार प्रकाश ऊर्जा अपने मुकुट चक्र में प्रवेश और अपने शरीर के माध्यम से और ब्रह्मांडीय कचरा कर सकते हैं में रंग ले जा रही है की कल्पना करें।

चार. एक बार जब रंग सब चला जाता है और केवल स्पष्ट, चमकदार प्रेम प्रकाश ऊर्जा रह जाती है, तो कल्पना करें कि अपना पसंदीदा रंग लाएं (और इसे चमकदार बनाएं)।

पाँच. एक बार जब इस नए रंग ने मूल स्पष्ट, चमकदार प्यार प्रकाश ऊर्जा रंग को बदल दिया है, तो एक पल के लिए ब्रह्मांडीय कचरे के डिब्बे में कुछ प्रवाह भी है, यह सुनिश्चित करते हुए कि सभी स्पष्ट हटा दिए गए हैं।

छः. जब यह पूरा हो जाए, तो पूछें कि क्या किसी अन्य नकारात्मक ऊर्जा क्षेत्रों को साफ करने की आवश्यकता

है।

सात. यदि 'हाँ,' तो चरणों को दोहराएं; यदि 'नहीं,' तो अपने शरीर में कोई सकारात्मक शब्द या पुष्टि लाएं।

आठ. पूरा होने पर, एक सांस लें और अपने पैर की उंगलियों को हिलाते हुए कहें, "अद्भुत लग रहा है।

चक्रों का सामंजस्य

सामंजस्य का महत्व:

संतुलित ऊर्जा: चक्रों को सुसंगत करना ऊर्जा प्रवाह को संतुलित करता है, किसी भी ऊर्जा केंद्र में अधिकता या कमी को रोकता है, जो विभिन्न प्रकार के असंगति का कारण बन सकता है।

सामंजस्य बनाने की तकनीकें:

एक. संतुलन विधि 1:

- *हाथ का स्थान:* एक हाथ अपने पर रखें
    - मूल चक्र और दूसरा आपके तीसरे नेत्र चक्र पर।
- *ऊर्जा समानीकरण: तब* तक रुकें जब तक आप दोनों चक्रों पर समान ऊर्जा और तापमान महसूस न करें।
- *प्रगति:* पर जाएँ
    - गले का चक्र और त्रिक चक्र,
    - फिर हृदय चक्र और सौर जाल चक्र, प्रक्रिया को दोहराते हुए।

दो. संतुलन विधि 2:

- रूट चक्र फोकस: एक हाथ रूट चक्र पर रखें *(एक हाथ हमेशा यहां रहता है) और* प्रत्येक चक्र को क्रम में संतुलित करें।

तीन. संतुलन विधि 3:

- तीसरी आंख फोकस: एक हाथ तीसरे नेत्र चक्र पर रखें *(एक हाथ हमेशा यहां रहता है)* और क्रम में प्रत्येक चक्र को संतुलित करें।

ग्राउंडिंग व्यायाम

ग्राउंडिंग का महत्व:

पृथ्वी से जुड़ाव: ग्राउंडिंग आपको पृथ्वी की ऊर्जा से जोड़ती है, जिससे अत्यधिक विचारों, भय और चिंताओं को कम करने में मदद मिलती है। यह आपके ऊर्जा क्षेत्र में स्थिरता और संतुलन लाता है।

ग्राउंडिंग के लिए चरण:

एक. तैयारी:
- आराम से रुख: अपने पैरों को कंधे की चौड़ाई से अलग करके खड़े हो जाएं और अपनी आँखें बंद कर लें।

दो. साँस लेना:
- गहरी साँस लेना: गहरी सांस लें, सांस छोड़ते समय सभी तनाव को दूर करें।
- दो या तीन बार दोहराएं।

तीन. ऊर्जा विज़ुअलाइज़ेशन:
- बाएं पैर में साँस लेना: जैसे ही आप सांस लेते हैं, अपने बाएं पैर के माध्यम से पृथ्वी से ऊर्जा खींचने की कल्पना करें, अपने पैर के ऊपर और अपने मूल चक्र में।
- दाहिना पैर साँस छोड़ना: जैसे ही आप सांस छोड़ते हैं, अपने दाहिने पैर से नीचे और वापस पृथ्वी में बहने वाली ऊर्जा की कल्पना करें।

चार. अवधि: इस प्रक्रिया को 5 से 10 मिनट तक जारी रखें।

कारण विमान कार्य

रेकी कारण विमान कार्य को समझना

रेकी की उन्नत शिक्षाओं में आपका स्वागत है! रेकी स्तर 3 (शिनपिडेन) में, आप कारण विमान के काम के बारे में जानेंगे, जो गहरे, आध्यात्मिक स्तर पर दूसरों के साथ जुड़ने की एक शक्तिशाली तकनीक है। यह विधि आध्यात्मिक संबंध बनाने, आपके अभ्यास को बढ़ाने और यहां तक कि समान विचारधारा वाले व्यक्तियों या ग्राहकों को आकर्षित करने के लिए विशेष रूप से उपयोगी हो सकती है।

कारण तल क्या है?

कारण तल चेतना का एक उच्च स्तर है जहां हमारी आत्माएं शारीरिक और मानसिक विमानों से परे बातचीत और संवाद कर सकती हैं। इसे अक्सर "आत्मा स्तर" या "स्वप्न अवस्था" के रूप में जाना जाता है, और यहीं पर हम गहन आध्यात्मिक स्तर पर दूसरों के साथ जुड़ सकते हैं। यह काम तब किया जाता है जब आप ध्यान या अर्ध-चेतन अवस्था में होते हैं, जैसे कि सोने से ठीक पहले।

रेकी में कारण विमान कार्य क्यों महत्वपूर्ण है?

कारण विमान कार्य आपको इसकी अनुमति देता है:

- **आध्यात्मिक संबंध बनाएं**: संभावित ग्राहकों, छात्रों या भागीदारों सहित दूसरों के उच्च स्व से जुड़ें।
- **उपचार बढ़ाएँ**: शारीरिक दूरी की परवाह किए बिना जरूरतमंद लोगों को उपचार के इरादे भेजें।
- **प्रकट लक्ष्य: ऐसे** व्यक्तियों और अवसरों को आकर्षित करें जो आपके आध्यात्मिक और व्यावसायिक लक्ष्यों के अनुरूप हों।

रेकी कारण विमान का काम कैसे करें

कारण विमान कार्य करने के लिए चरण-दर-चरण मार्गदर्शिका यहां दी गई है:

एक. तैयारी:

- **एक शांत वातावरण बनाएं**: एक शांत जगह ढूंढें जहां आपको परेशान न किया जाए। सुनिश्चित करें कि वातावरण आरामदायक और ध्यान के लिए अनुकूल है।
- **आराम करें**: अपने शरीर और दिमाग को आराम देकर शुरुआत करें। अपने आप को केंद्रित करने के लिए कुछ गहरी साँसें लें।

दो. ध्यान की अवस्था में प्रवेश:

- **आधी नींद की अवस्था**: यह काम आपके सोने से ठीक पहले किया जाता है जब आप आधे जागते हैं, आधी नींद की स्थिति में होते हैं। चेतना की यह स्थिति कारण विमान तक पहुंचने के लिए इष्टतम है।
- **अपना इरादा निर्धारित करें**: कारण विमान कार्य के लिए अपना इरादा स्पष्ट रूप से बताएं। उदाहरण के लिए, आप संभावित ग्राहकों से जुड़ना चाह सकते हैं या किसी जरूरतमंद को उपचार ऊर्जा भेजना चाह सकते हैं।

तीन. पक्का करना:

- **प्रतिज्ञान दोहराएँ**: जैसा कि आप आराम करते हैं और नींद में प्रवेश करने के लिए तैयार होते हैं, निम्नलिखित प्रतिज्ञान दोहराएं: "आज रात, कारण (या सपना, या सूक्ष्म) विमान पर, मैं अपने अस्तित्व (या आत्मा, या आत्मा) को उन सभी प्राणियों को खोजने के लिए भेजने जा रहा हूं जिनके शरीर, मन, आत्माएं और भावनाएं रेकी कौशल और सेवाओं से लाभ उठा सकती हैं जो मुझे पेश करनी हैं और जिनकी बातचीत

से मुझे भावनात्मक और आध्यात्मिक रूप से लाभ होगा।

- **दोहराव**: यदि आप आधी रात को जागते हैं, तो अपने इरादे को मजबूत करने के लिए प्रतिज्ञान दोहराएं।

चार. विस्तारित प्रतिज्ञान (वैकल्पिक):

- **आगे का कनेक्शन**: अगली तीन रातों के लिए, अपनी पुष्टि में एक विस्तार जोड़ें: "मैं उनके उच्च होने से उनके साथ संवाद करने के लिए कहना चाहता हूं कि मुझे कहां ढूंढना है।

पाँच. कनेक्शन की कल्पना करें:

- **बैठक की कल्पना करना**: जैसे ही आप सोने के लिए निकलते हैं, कल्पना करें कि आपकी आत्मा या आत्मा कारण तल पर दूसरों तक पहुंच रही है और जुड़ रही है। इस बातचीत को यथासंभव स्पष्ट रूप से चित्रित करें, ऊर्जा और इरादों के सकारात्मक आदान-प्रदान पर ध्यान केंद्रित करें।

छः. जागने पर:

- **चिंतन और जर्नल**: जब आप जागते हैं, तो रात के दौरान अपने किसी भी सपने या प्रभाव पर विचार करने के लिए कुछ क्षण निकालें। इन्हें एक पत्रिका में लिखें, क्योंकि उनमें कारण तल से अंतर्दृष्टि या संदेश हो सकते हैं।

सात. कारण विमान कार्य के लाभ

- **बढ़ी हुई आध्यात्मिक जागरूकता**:
    - आध्यात्मिक स्तर पर अपने उच्च स्व और दूसरों के साथ अपने संबंध को गहरा करें।
    - ग्राहकों और अवसरों को आकर्षित करना:
    - उन लोगों से जुड़ने का इरादा निर्धारित करके जो आपके रेकी अभ्यास से लाभ उठा सकते हैं, आप अपने लक्ष्यों के अनुरूप नए ग्राहकों या अवसरों को आकर्षित कर सकते हैं।

- **उपचार ऊर्जा भेजना:**
    - व्यक्तियों को रेकी ऊर्जा भेजकर अपनी उपचार पहुंच का विस्तार करें, भले ही वे शारीरिक रूप से मौजूद न हों।
- **एक आध्यात्मिक नेटवर्क का निर्माण:**
    - समान विचारधारा वाले व्यक्तियों से जुड़कर अपने आध्यात्मिक नेटवर्क को मजबूत करें जो आपके मूल्यों और दृष्टिकोण को साझा करते हैं।

व्यावहारिक सुझाव

- स्थिरता:
    - इस स्तर पर जुड़ने और संवाद करने की अपनी क्षमता को मजबूत करने के लिए नियमित रूप से कारण विमान कार्य का अभ्यास करें।
- खुला दिमाग:
    - खुले दिमाग रखें और आपको प्राप्त होने वाले संदेशों और कनेक्शनों के प्रति ग्रहणशील रहें। वे अप्रत्याशित रूप में आ सकते हैं।
- स्वयं की देखभाल:
    - सुनिश्चित करें कि आप अच्छी तरह से आराम कर रहे हैं और अपनी शारीरिक और भावनात्मक भलाई का ख्याल रखते हैं, क्योंकि यह प्रभावी ढंग से कारण विमान कार्य करने की आपकी क्षमता को बढ़ाता है।

अपने रेकी अभ्यास में कारण विमान के काम को शामिल करने से आध्यात्मिक रूप से जुड़ने, चंगा करने और बढ़ने की आपकी क्षमता का विस्तार होगा। यह उन्नत तकनीक बातचीत और अभिव्यक्ति के नए आयाम खोलती है, जो आपकी व्यक्तिगत और व्यावसायिक रेकी यात्रा को समृद्ध करती है।

रेकी मास्टर = शिक्षक

रेकी स्तर ३ को पढ़ाना: मास्टर स्तर और सिखाने और आरंभ करने की क्षमता

रेकी लेवल ३, जिसे मास्टर लेवल के रूप में भी जाना जाता है, रेकी प्रैक्टिशनर की यात्रा में एक महत्वपूर्ण मील का पत्थर है। यह स्तर चिकित्सक की उपचार क्षमताओं को बढ़ाता है और उन्हें रेकी सिखाने और दूसरों को ट्यूनमेंट के माध्यम से शुरू करने के लिए आवश्यक ज्ञान और कौशल के साथ सशक्त बनाता है। यहां रेकी में मास्टर स्तर तक पहुंचने का क्या मतलब है और इसकी जिम्मेदारियां हैं, इसका अवलोकन दिया गया है।

मास्टर स्तर का अवलोकन

एक. मास्टर प्रतीक
- मास्टर स्तर राकू, दाई को म्यो और व्हाइट लाइट प्रतीकों का परिचय देता है।

दो. उन्नत तकनीकें
- रेकी मास्टर्स उन्नत चिकित्सा तकनीक सीखते हैं, जैसे आभा समाशोधन, चक्र संतुलन और आध्यात्मिक उपचार प्रथाएं।
- ये तकनीकें मास्टर्स को व्यापक और गहन उपचार सत्र प्रदान करने की अनुमति देती हैं।

तीन. आध्यात्मिक विकास
- मास्टर स्तर अभ्यासी के आध्यात्मिक विकास पर ध्यान केंद्रित करता है, उन्हें सार्वभौमिक जीवन शक्ति ऊर्जा और उनके उच्च स्व के साथ अपने संबंध को गहरा करने के लिए प्रोत्साहित करता है।

- यह स्तर व्यक्तिगत सशक्तिकरण, आत्म-जागरूकता और ज्ञानोदय को बढ़ावा देता है।
- सिखाने और आरंभ करने की क्षमता

चार. रेकी पढ़ाना

- पाठ्यचर्या विकास: रेकी मास्टर्स को रेकी स्तर 1, 2 और 3 को पढ़ाने के लिए एक पाठ्यक्रम विकसित करने और व्यवस्थित करने के लिए प्रशिक्षित किया जाता है। इसमें पाठ योजना, निर्देशात्मक सामग्री और व्यावहारिक अभ्यास बनाना शामिल है।
- कक्षा प्रबंधन: परास्नातक सीखते हैं कि कक्षा को प्रभावी ढंग से कैसे प्रबंधित किया जाए, यह सुनिश्चित करते हुए कि प्रत्येक छात्र को वह ध्यान और मार्गदर्शन मिले जिसकी उन्हें आवश्यकता है।

पाँच. आकर्षण का संचालन

- अनुकूलन प्रक्रिया: परास्नातक को रेकी एट्यूनमेंट करने की विस्तृत प्रक्रिया सिखाई जाती है। इसमें रेकी लेवल 1 (शोडेन) से लेकर रेकी लेवल 3 (शिनपिडेन) तक सभी स्तरों में उपयोग किए जाने वाले पवित्र अनुष्ठान और प्रतीक शामिल हैं, जिनमें से प्रत्येक की अपनी विशिष्ट अनुकूलन प्रक्रिया और आवश्यकताएं हैं।
- रेकी मास्टर की विस्तृत जिम्मेदारियां

छः. अट्यूनमेंट करना

- स्तर 1 अनुकूलन: यह अनुकूलन छात्र के ऊर्जा चैनलों को खोलता है ताकि उन्हें रेकी ऊर्जा से जुड़ने की अनुमति मिल सके। इस प्रक्रिया में छात्र को सशक्त बनाने और उसकी सुरक्षा के लिए चो कू री (शक्ति प्रतीक) का उपयोग करना शामिल है।
- स्तर 2 अनुकूलन: इसमें सेई हे की (भावनात्मक उपचार प्रतीक) और माननीय शा ज़े शो नेन (दूर का

उपचार प्रतीक) की शुरूआत शामिल है, जो छात्र की उपचार क्षमताओं को और बढ़ाती है।

- स्तर 3 अनुकूलन: मास्टर स्तर के अनुकूलन में दाई को म्यो (मास्टर प्रतीक) शामिल है और यह एक गहन आध्यात्मिक दीक्षा है जो छात्र को सिखाने और प्रदर्शन करने में सक्षम बनाती है।

सात. शिक्षण पद्धति

- निर्देश: मास्टर्स रेकी के सैद्धांतिक पहलुओं को पढ़ाने के लिए जिम्मेदार हैं, जिसमें इसका इतिहास, सिद्धांत और नैतिक दिशानिर्देश शामिल हैं।
- व्यावहारिक अनुप्रयोग: वे छात्रों को व्यावहारिक अभ्यास सत्रों के माध्यम से मार्गदर्शन करते हैं, रेकी तकनीकों और हाथ की स्थिति का प्रदर्शन और पर्यवेक्षण करते हैं।
- मेंटरशिप: छात्रों को निरंतर सहायता और मेंटरशिप प्रदान करना एक महत्वपूर्ण जिम्मेदारी है। परास्नातक छात्रों को रेकी को अपने दैनिक जीवन और अभ्यास में एकीकृत करने में मदद करते हैं।

आठ. नैतिक प्रतिपूर्ति

- ईमानदारी: रेकी मास्टर्स को उच्च नैतिक मानकों का पालन करना चाहिए, रेकी शिक्षाओं की अखंडता और शुद्धता को बनाए रखना चाहिए।
- छात्रों के लिए सम्मान: उन्हें प्रत्येक छात्र के आध्यात्मिक पथ का सम्मान करना चाहिए और एक सुरक्षित, सहायक सीखने का माहौल प्रदान करना चाहिए।
- गोपनीयता: व्यवसायी और छात्रों के बीच गोपनीयता और विश्वास सुनिश्चित करना सर्वोपरि है।

नौ. व्यक्तिगत और व्यावसायिक विकास

- निरंतर सीखना: परास्नातक को नवीनतम रेकी प्रथाओं और अंतर्दृष्टि के साथ अद्यतन रहते हुए, चल रहे

व्यक्तिगत और व्यावसायिक विकास के लिए प्रतिबद्ध होना चाहिए।

- सामुदायिक व्यस्तता: कार्यशालाओं, रेकी मंडलियों और अन्य कार्यक्रमों के माध्यम से रेकी समुदाय के साथ जुड़ने से अपनेपन और निरंतर सीखने की भावना को बढ़ावा देने में मदद मिलती है।

दस. एक उपचारात्मक वातावरण बनाना

- पवित्र स्थान: परास्नातक शिक्षण और उपचार के लिए एक शांत और ऊर्जावान रूप से स्पष्ट स्थान बनाना चाहिए। यह वातावरण अनुकूलन प्रक्रिया का समर्थन करता है और सीखने के अनुभव को बढ़ाता है।
- तैयारी: प्रत्येक कक्षा या सत्र से पहले स्थान और खुद को ऊर्जावान रूप से उचित रूप से तैयार करना सर्वोत्तम संभव परिणाम सुनिश्चित करता है।

ग्यारह. निर्देशात्मक सामग्री विकसित करना

- मैनुअल और हैंडआउट्स: व्यापक मैनुअल और हैंडआउट्स प्रदान करने से छात्रों को सामग्री को बनाए रखने और संदर्भित करने में मदद मिलती है।
- दृश्य सहायता: चार्ट और आरेख जैसे दृश्य सहायक उपकरण समझ को बढ़ा सकते हैं, खासकर दृश्य शिक्षार्थियों के लिए।

रेकी मास्टर की भूमिका

एक. मरहम लगाने वाला

- एक मरहम लगाने वाले के रूप में, रेकी मास्टर ग्राहकों को उन्नत उपचार सत्र प्रदान करना जारी रखता है, उपचार के गहरे स्तरों को संबोधित करता है और समग्र कल्याण को बढ़ावा देता है।

दो. टीचर

- एक शिक्षक के रूप में, मास्टर छात्रों के साथ ज्ञान और तकनीक साझा करता है, जिससे उन्हें प्रभावी रेकी चिकित्सक बनने के लिए सशक्त बनाया जाता है।

तीन. सर्जक

- एक सर्जक के रूप में, मास्टर ट्यूनमेंट का संचालन करता है, नए चिकित्सकों को रेकी ऊर्जा के संचरण की सुविधा प्रदान करता है और उन्हें खुद को और दूसरों को ठीक करने में सक्षम बनाता है।

चार. गाइड और मेंटर

- मास्टर एक मार्गदर्शक और संरक्षक के रूप में कार्य करता है, छात्रों को उनकी रेकी यात्रा में सहायता करता है, सलाह देता है, और उन्हें चुनौतियों और आध्यात्मिक विकास से निपटने में मदद करता है।

रेकी स्तर 3, मास्टर स्तर, रेकी व्यवसायी की यात्रा में एक परिवर्तनकारी चरण है। यह न केवल उनकी उपचार क्षमताओं को बढ़ाता है बल्कि दूसरों को रेकी के अभ्यास में सिखाने और दीक्षा देने की पवित्र जिम्मेदारी भी देता है। मरहम लगाने वाले, शिक्षक, सर्जक और संरक्षक की भूमिकाओं को अपनाकर, रेकी मास्टर रेकी के उपचार और आध्यात्मिक लाभों को फैलाने में योगदान देता है, जिससे प्रबुद्ध और सशक्त व्यक्तियों के समुदाय को बढ़ावा मिलता है। इस गहन यात्रा के लिए समर्पण, निरंतर सीखने और रेकी परंपरा की अखंडता और शुद्धता बनाए रखने की प्रतिबद्धता की आवश्यकता होती है।

रेकी सिखाने की तैयारी

एक. व्यक्तिगत तैयारी

- मास्टर स्तर प्रमाणन: सुनिश्चित करें कि आपने अपना खुद का रेकी मास्टर प्रशिक्षण पूरा कर लिया है और रेकी अभ्यास के साथ पर्याप्त अनुभव है।
- निरंतर अभ्यास: व्यक्तिगत विकास और ऊर्जा रखरखाव के लिए नियमित रेकी अभ्यास बनाए रखें।
- पाठ योजना: प्रत्येक स्तर के लिए विस्तृत पाठ योजनाएँ विकसित करें, जिसमें उद्देश्य, गतिविधियाँ और आवश्यक सामग्री शामिल हैं।

दो. अपनी कक्षाएं स्थापित करना

- स्थान: शिक्षण के लिए एक शांत, आरामदायक और ऊर्जावान रूप से स्पष्ट स्थान चुनें।
- सामग्री: आवश्यक सामग्री जैसे हैंडआउट्स, मैनुअल, चार्ट और समायोजन के लिए कोई भी आवश्यक उपकरण तैयार करें।
- कक्षा का आकार: कक्षा के आकार पर निर्णय लें जो व्यक्तिगत ध्यान और प्रभावी शिक्षण की अनुमति देता है।

रेकी स्तर 1 शिक्षण

उद्देश्य: छात्रों को रेकी की मूल बातें से परिचित कराएं, जिसमें इसका इतिहास, सिद्धांत और बुनियादी तकनीकें शामिल हैं। इस स्तर के अंत तक, छात्रों को स्व-उपचार करने और दूसरों को उपचार प्रदान करने में सक्षम होना चाहिए।

एक. रेकी का परिचय

- इतिहास: रेकी के इतिहास और उत्पत्ति को सिखाएं, जिसमें डॉ. मिकाओ उसुई का योगदान भी शामिल है।
- सिद्धांत: पांच रेकी सिद्धांतों और दैनिक जीवन में उनके महत्व की व्याख्या करें।

दो. ऊर्जा और चक्र

- ऊर्जा को समझना: रेकी में जीवन शक्ति ऊर्जा और इसके महत्व की अवधारणा पर चर्चा करें।
- चक्र: चक्र प्रणाली और ऊर्जा उपचार के लिए इसकी प्रासंगिकता का परिचय दें।

तीन. अनुकूलन

- अनुकूलन प्रक्रिया: स्तर 1 अनुकूलन समारोह का संचालन करें, छात्रों के ऊर्जा चैनलों को रेकी ऊर्जा के लिए खोलें।
- अनुभव साझा करना: छात्रों को अनुकूलन के बाद अपने अनुभव और भावनाओं को साझा करने की अनुमति दें।

चार. रेकी प्रतीक

- प्रतीकों का परिचय: रेकी प्रतीक का परिचय दें - चो कू रेई (शक्ति प्रतीक)।

पाँच. हाथ की स्थिति

- स्व-उपचार: स्व-उपचार के लिए हाथ की स्थिति का प्रदर्शन और अभ्यास करें।

छः. अभ्यास सत्र

- निर्देशित अभ्यास: स्व-उपचार के लिए निर्देशित अभ्यास सत्रों का नेतृत्व करें।
- प्रतिक्रिया: छात्रों को उनकी तकनीक को परिष्कृत करने में मदद करने के लिए प्रतिक्रिया दें और सवालों के जवाब दें।

सात. होमवर्क और दैनिक अभ्यास

- दैनिक रेकी अभ्यास: छात्रों को प्रतिदिन स्व-रेकी का अभ्यास करने के लिए प्रोत्साहित करें।
- जर्नलिंग: उनके अनुभवों और प्रगति का दस्तावेजीकरण करने के लिए रेकी जर्नल रखने का सुझाव दें।

रेकी स्तर 2 पढ़ाना: संबंध को गहरा करना

उद्देश्य: छात्रों को रेकी प्रतीकों और उन्नत मानसिक, भावनात्मक और दूर की उपचार तकनीकों से परिचित कराएं। इस स्तर के अंत तक, छात्रों को रेकी प्रतीकों का प्रभावी ढंग से उपयोग करने और दूर के उपचार सत्र आयोजित करने में सक्षम होना चाहिए।

एक. स्तर 1 की समीक्षा

- बुनियादी बातों पर दोबारा गौर करें: स्तर 1 में सीखी गई अवधारणाओं और तकनीकों की संक्षेप में समीक्षा करें।

दो. अनुकूलन

- स्तर 2 अनुकूलन: स्तर 2 एट्यूनमेंट समारोह आयोजित करें, छात्रों को प्रतीकों का उपयोग करने के लिए सशक्त बनाएं।
- अनुभव साझा करना: छात्रों को अनुकूलन के बाद अपने अनुभव और अंतर्दृष्टि साझा करने की अनुमति दें।

तीन. रेकी प्रतीक

- प्रतीकों का परिचय: दो रेकी प्रतीकों का परिचय दें - सेई हे की (भावनात्मक उपचार प्रतीक), और माननीय शा ज़े शो नेन (दूर का उपचार प्रतीक)।
- ड्राइंग और उपयोग: प्रत्येक प्रतीक को बनाना सिखाएं और इसके विशिष्ट उपयोगों और लाभों की व्याख्या करें।

चार. मानसिक और भावनात्मक उपचार

- सेई हे की: मानसिक और भावनात्मक उपचार के लिए सेई हे की प्रतीक का उपयोग करके प्रदर्शन और अभ्यास करें।
- तकनीक: विशिष्ट मानसिक और भावनात्मक मुद्दों को संबोधित करने के लिए तकनीक सिखाएं।

पाँच. हाथ की स्थिति

- दूसरों को ठीक करना: दूसरों को रेकी देने के लिए हाथ की स्थिति सिखाएं।

छः. दूर का उपचार

- Hon Sha Ze Sho Nen: दूर के उपचार के लिए Hon Sha Ze Sho Nen प्रतीक का उपयोग करके प्रदर्शन और अभ्यास करें।
- तरीके: दूर के रेकी को भेजने के लिए विभिन्न तरीके सिखाएं, जैसे विज़ुअलाइज़ेशन और प्रॉक्सी का उपयोग करना।

सात. अभ्यास सत्र

- उन्नत अभ्यास: स्व-उपचार, दूसरों को ठीक करने और दूर के उपचार के लिए प्रतीकों का उपयोग करके अभ्यास सत्रों का नेतृत्व करें।
- केस स्टडीज: छात्रों को सीखने को बढ़ाने के लिए केस स्टडी और अनुभव साझा करने के लिए प्रोत्साहित करें।

आठ. होमवर्क और दैनिक अभ्यास

- प्रतीक अभ्यास: प्रतीकों को चित्रित करने और उपयोग करने के दैनिक अभ्यास को प्रोत्साहित करें।
- दूरस्थ उपचार अभ्यास: दूर के उपचार सत्रों के नियमित अभ्यास का सुझाव दें।

रेकी स्तर 3 को पढ़ाना: मास्टर स्तर

उद्देश्य: छात्रों को रेकी मास्टर्स बनने के लिए तैयार करना, जिससे वे दूसरों को पढ़ाने और आकर्षित करने में सक्षम हो सकें। यह स्तर रेकी ऊर्जा और आध्यात्मिक विकास की महारत पर केंद्रित है।

एक. स्तर 1 और 2 की समीक्षा

- व्यापक समीक्षा: स्तर 1 और 2 में सीखी गई सभी अवधारणाओं, तकनीकों और प्रतीकों की समीक्षा करें।

दो. मास्टर अनुकूलन

- मास्टर एट्यूनमेंट समारोह: मास्टर स्तर के अनुकूलन का संचालन करें, छात्रों को मास्टर सिंबल और दूसरों को आकर्षित करने की क्षमता के साथ सशक्त बनाएं।
- अनुभव साझा करना: छात्रों को अनुकूलन के बाद अपने अनुभवों और भावनाओं को साझा करने के लिए प्रोत्साहित करें।

तीन. मास्टर प्रतीक

- राकू, दाई को म्यो और व्हाइट लाइट प्रतीकों का परिचय दें, उनके महत्व और उपयोगों को समझाते हुए।
- ड्राइंग और उपयोग: रेकी अभ्यास में प्रतीकों को आकर्षित करना और शामिल करना सिखाएं।

चार. उन्नत तकनीकें

- उपचार तकनीक: उन्नत उपचार तकनीक सिखाएं, जिसमें आभा समाशोधन और चक्र संतुलन शामिल है।
- आध्यात्मिक उपचार: आध्यात्मिक वृद्धि और विकास में रेकी की भूमिका पर चर्चा कीजिए ।

पाँच. शिक्षण और अनुकूलन

- शिक्षण के तरीके: दूसरों को रेकी सिखाने के तरीके के बारे में मार्गदर्शन प्रदान करें, जिसमें पाठ योजनाएँ बनाना और कक्षा का प्रबंधन करना शामिल है।
- अनुकूलन प्रक्रिया: प्रत्येक स्तर के लिए रेकी एट्यूनमेंट करने की विस्तृत प्रक्रिया सिखाएं।
- व्यावहारिक अनुभव: छात्रों को पर्यवेक्षण के तहत एट्यूनमेंट देने का अभ्यास करने की अनुमति दें।

छः. अभ्यास सत्र

- मास्टर स्तर अभ्यास: मास्टर प्रतीक और उन्नत तकनीकों के उपयोग पर ध्यान केंद्रित करने वाले उन्नत अभ्यास सत्रों का नेतृत्व करें।
- शिक्षण अभ्यास: छात्रों को कक्षा के शिक्षण खंडों का अभ्यास करने और अनुकूलन करने की अनुमति दें।

सात. निरंतर समर्थन और सलाह

- निरंतर मार्गदर्शन: नए रेकी मास्टर्स के लिए निरंतर समर्थन और सलाह प्रदान करें क्योंकि वे दूसरों को पढ़ाना और ट्यून करना शुरू करते हैं।

आठ. सामुदायिक भवन: निरंतर विकास और समर्थन के लिए रेकी मंडलियों और समुदायों में भागीदारी को प्रोत्साहित करें।

रेकी स्तर 1-3 को पढ़ाने में सीखने और अभ्यास की एक संरचित प्रगति के माध्यम से छात्रों का मार्गदर्शन करना शामिल है। प्रत्येक स्तर पिछले स्तर पर आधारित होता है, जिससे रेकी ऊर्जा से उनकी समझ और संबंध गहरा होता है। रेकी मास्टर शिक्षक के रूप में, आपकी भूमिका अपने छात्रों को व्यापक निर्देश, सहायता और सशक्तिकरण प्रदान करना है, जिससे उन्हें आत्मविश्वासी और प्रभावी रेकी चिकित्सक और शिक्षक बनने में मदद मिलती है।

रेकी स्तर 3 के छात्रों के लिए शिक्षण दिशानिर्देश

रेकी लेवल 3 के छात्र (शिनपिडेन) के रूप में, अब आप दूसरों को पढ़ाने और समायोजित करने के लिए तैयार हैं। आपकी रेकी कक्षाओं के आयोजन और संचालन के लिए यहां आवश्यक दिशानिर्देश दिए गए हैं।

अपनी कक्षाओं का विज्ञापन करना

एक. विवरण शामिल करने के लिए:

- स्थान: अपनी कक्षाओं का स्थान स्पष्ट रूप से बताएं।
- दिनांक और समय: प्रत्येक वर्ग के लिए दिनांक और समय निर्दिष्ट करें।
- पेशकश: वर्णन करें कि आप कक्षा में क्या पेशकश करते हैं (उदाहरण के लिए, रेकी स्तर 1, 2, या मास्टर)।
- संपर्क जानकारी: पूछताछ और पंजीकरण के लिए अपना नाम और फ़ोन नंबर शामिल करें।

दो. मूल्य: कक्षा की लागत का उल्लेख करें।

- विशिष्ट समय सीमा और मूल्य निर्धारण:
- रेकी स्तर 1 (शोडेन):
  - एक. अवधि: 3-4 कक्षाएं, प्रत्येक 3 घंटे लंबा।
  - दो. मूल्य: $150.00
- रेकी स्तर 2 (ओकुडेन):
  - एक. अवधि: 3-4 कक्षाएं, प्रत्येक 3 घंटे लंबा।

दो. मूल्य: $200.00 - $250.00

- रेकी स्तर 3 (शिनपिडेन) / मास्टर स्तर:
  एक. अवधि: 3-4 कक्षाएं, प्रत्येक 3 घंटे लंबा।
  दो. मूल्य: $500.00-$1000.00

सामग्री तैयार करना

एक. नियमावली:

- फोटोकॉपी या प्रिंट मैनुअल: अपने छात्रों के लिए मैनुअल तैयार करें। आप मौजूदा सामग्रियों की फोटोकॉपी करना या नई सामग्री प्रिंट करना चुन सकते हैं।
  - प्रारूप विकल्प:
  - पुस्तक: बाउंड मैनुअल।
  - कागज: नोटों को आसानी से जोड़ने के लिए ढीले-पत्ते का प्रारूप।
  - प्रिंट: पॉलिश लुक के लिए व्यावसायिक रूप से मुद्रित सामग्री।

दो. जलपान:

- नींबू का रस: अनुकूलन के लिए।
- पानी: अपने छात्रों को कक्षा के दौरान हाइड्रेटेड और ऊर्जावान रखने के लिए जलपान प्रदान करें।
- कप: सुनिश्चित करें कि आपके पास सभी प्रतिभागियों के लिए पर्याप्त कप हैं।

अपनी कक्षाओं का संचालन

एक. की स्थापना:

- एक पवित्र स्थान बनाएं: सुनिश्चित करें कि शिक्षण क्षेत्र शांत, स्वच्छ और ऊर्जावान रूप से स्पष्ट है। वातावरण को बढ़ाने के लिए मोमबत्तियों, धूप या शांत संगीत का उपयोग करें।
- बैठने की व्यवस्था: सभी प्रतिभागियों के लिए बातचीत और दृश्यता की सुविधा के लिए बैठने की व्यवस्था करें।

दो. कक्षा संरचना:

- परिचय: प्रत्येक कक्षा की शुरुआत सत्र के लक्ष्यों और एजेंडे को रेखांकित करने वाले परिचय के साथ करें।
- शिक्षण और प्रदर्शन: अवधारणाओं की व्याख्या करें, तकनीकों का प्रदर्शन करें और व्यावहारिक अभ्यास को प्रोत्साहित करें।
- प्रश्नोत्तर सत्र: किसी भी संदेह को स्पष्ट करने के लिए प्रश्नों और उत्तरों के लिए समय दें।
- अभ्यास: छात्रों को खुद पर और दूसरों पर तकनीकों का अभ्यास करने के लिए पर्याप्त समय प्रदान करें।

तीन. अनुकूलन:

- अनुकूलन करें: कक्षा के हिस्से के रूप में प्रत्येक स्तर के लिए अनुकूलन का संचालन करें, यह सुनिश्चित करते हुए कि प्रत्येक छात्र रेकी ऊर्जा के प्रति ठीक से जुड़ा हुआ है।
- अनुभव साझा करना: छात्रों को अनुकूलन के बाद अपने अनुभवों और भावनाओं को साझा करने के लिए प्रोत्साहित करें।

चार. समापन:

- समीक्षा करें और प्रतिबिंबित करें: कक्षा के प्रमुख बिंदुओं को सारांशित करें और प्रतिक्रिया प्रदान करें।
- होमवर्क असाइन करें: छात्रों को उनके सीखने को सुदृढ़ करने के लिए होमवर्क या अभ्यास असाइनमेंट दें।
- प्रमाण पत्र वितरित करें: पाठ्यक्रम सफलतापूर्वक पूरा करने वाले छात्रों को पूरा करने का प्रमाण पत्र सौंपें।

अतिरिक्त टिप्स

एक. स्पष्ट संचार:

- अपने छात्रों के साथ स्पष्ट और खुला संचार बनाए रखें। किसी भी अनुवर्ती प्रश्न या सहायता के लिए उन्हें अपनी संपर्क जानकारी प्रदान करें।

दो. निरंतर समर्थन:

- अपने छात्रों को निरंतर समर्थन और सलाह प्रदान करें। उन्हें अपने विकास और सीखने को जारी रखने के लिए रेकी मंडलियों या अभ्यास समूहों में शामिल होने के लिए प्रोत्साहित करें।

तीन. लगातार सीखना:

- नवीनतम रेकी प्रथाओं और तकनीकों से अपडेट रहें। सर्वोत्तम शिक्षण अनुभव प्रदान करने के लिए अपने स्वयं के कौशल और ज्ञान में लगातार सुधार करें।

इन दिशानिर्देशों का पालन करके, आप अपनी रेकी कक्षाओं को प्रभावी ढंग से व्यवस्थित, विज्ञापन और संचालित कर सकते हैं, जिससे आपके छात्रों के लिए एक मूल्यवान और समृद्ध अनुभव सुनिश्चित हो सके।

प्रत्येक रेकी स्तर के लिए अनुकूलन प्रक्रिया

आकर्षण

एक. पाठ्यक्रम का परिचय:

- पाठ्यक्रम का परिचय दें और रेखांकित करें कि सत्र के दौरान छात्र क्या उम्मीद कर सकते हैं।

दो. एट्यूनमेंट आरंभ करें:

- मंगलाचरण:
    - ध्यान करें और attunement प्रक्रिया के दौरान आपकी सहायता करने के लिए आत्मा में अपने स्वयं के रेकी मास्टर को नीचे लाएं।

तीन. चक्रों को खोलना:

- क्राउन चक्र:
    - पद: छात्र के पीछे खड़े हो जाओ।
    - क्रिया: मास्टर प्रतीक का उपयोग करके छात्र का मुकुट चक्र खोलें और राकू प्रतीक बनाएं।
    - विज़ुअलाइज़ेशन: कल्पना कीजिए कि रेकी ऊर्जा सभी क्षेत्रों में प्रवाहित हो रही है।

चार. प्रतीक:

- क्राउन चक्र
    - पद: छात्र के पीछे खड़े हो जाओ।
    - क्रिया: छात्र का मुकुट चक्र खोलें,
        - स्तर 1: चो कू री प्रतीक बनाएं।
        - स्तर 2: सेई हे की प्रतीक बनाएं।
        - मास्टर स्तर: राकू प्रतीक बनाएं।
- हृदय चक्र:
    - स्थिति: छात्र के सामने ले जाएं।
    - क्रिया: छात्र के हृदय चक्र को खोलें।
    - प्रतीक:
        - स्तर 1: चो कू री प्रतीक बनाएं।

        - स्तर 2: सेई हे की प्रतीक बनाएं।
        - मास्टर स्तर: राकू प्रतीक बनाएं।
- हाथ चक्र:
    - पद: छात्र का सामने।
    - क्रिया: छात्र के हाथ चक्र खोलें।
    - प्रतीक:
        - स्तर 1: चो कू री प्रतीक बनाएं।
        - स्तर 2: सेई हे की प्रतीक बनाएं।
        - मास्टर स्तर: राकू प्रतीक बनाएं।

पाँच. हाथों की स्थिति: छात्र के हाथों को प्रार्थना की स्थिति में बंद करें।

- सांस और ऊर्जा कनेक्शन:
- गुर्दे की सांस: आप और छात्र दोनों हुई यिन स्थिति को पकड़कर गुर्दे की सांस लेते हैं।

छः. चक्रों को बंद करना:

- क्राउन चक्र:
    - स्थिति: छात्र के पीछे खड़े होने के लिए लौटें।
    - क्रिया: मास्टर सिंबल का उपयोग करके छात्र के क्राउन चक्र को बंद करें।

सात. ध्यान समाप्त करें:

- ध्यान समाप्त करें, यह सुनिश्चित करते हुए कि आप और छात्र दोनों जमीन से जुड़े और केंद्रित हैं।

आठ. जल अनुष्ठान:

- ट्यूनमेंट को साफ करने और सील करने के लिए जल अनुष्ठान करें।

नौ. विचार-विमर्श:

- ध्यान के दौरान क्या हुआ, इसके बारे में बात करें, जिससे छात्र अपने अनुभव और अंतर्दृष्टि साझा कर सकें।

पाठ्यक्रम समाप्त करें:

किसी भी शेष पाठ्यक्रम की जानकारी के साथ समाप्त करें और किसी भी अंतिम प्रश्न या छात्र टिप्पणियों को संबोधित करें।

प्रत्येक स्तर के लिए इस अनुकूलन प्रक्रिया का पालन करना यह सुनिश्चित करता है कि छात्रों को रेकी ऊर्जा के लिए ठीक से अभ्यस्त किया जाता है, जिससे वे अपने और दूसरों के लिए रेकी को प्रभावी ढंग से चैनल कर सकते हैं।

रेकी प्रमाणपत्र उदाहरण

रेकी में उनके प्रशिक्षण और उपलब्धियों को मान्य करने के लिए छात्र प्रमाण पत्र जारी करना आवश्यक है। प्रशिक्षण के विभिन्न स्तरों पर रेकी प्रमाणपत्रों को संभालने के बारे में यहां एक विस्तृत मार्गदर्शिका दी गई है।

प्रमाण पत्र के प्रकार

एक. पूर्णता प्रमाण पत्र:

- सम्मानित किया जाता है जब छात्रों ने पाठ्यक्रम की सभी आवश्यकताओं को सफलतापूर्वक पूरा किया है।
- ये प्रमाणपत्र छात्रों को पेशेवर रूप से रेकी का अभ्यास करने, उनकी सेवाओं के लिए शुल्क लेने और व्यवसाय लाइसेंस प्राप्त करने की अनुमति देते हैं।
- सील और स्टाम्प: अपने प्रमाणपत्रों को आधिकारिक और पेशेवर रूप देने के लिए उनके लिए एक सील और मुहर प्राप्त करने पर विचार करें।

पूर्णता प्रमाण पत्र के लिए आवश्यकताएँ

एक. समाप्त कक्षाएं:

- छात्र को संबंधित रेकी स्तर के लिए सभी निर्धारित कक्षाओं में भाग लेना होगा और पूरा करना होगा।

दो. परीक्षण और मूल्यांकन:

- लिखित परीक्षा: रेकी सिद्धांतों, प्रतीकों और तकनीकों के बारे में छात्र की समझ का आकलन करना।
- प्रैक्टिकल टेस्ट: रेकी सत्र करने और रेकी प्रतीकों का सही ढंग से उपयोग करने की छात्र की क्षमता का मूल्यांकन करना।

तीन. केस स्टडीज और होमवर्क:

- दूसरों पर रेकी के व्यावहारिक अनुप्रयोग को प्रदर्शित करने वाले केस स्टडीज प्रस्तुत करना।
- सीखने और अभ्यास को सुदृढ़ करने के लिए सौंपे गए होमवर्क को पूरा करना।

प्रमाणपत्र जारी करना

एक. तैयारी:

- डिज़ाइन: निम्नलिखित तत्वों के साथ एक पेशेवर दिखने वाला प्रमाणपत्र बनाएं:
- छात्र का नाम
- पाठ्यक्रम स्तर (स्तर 1, स्तर 2, मास्टर स्तर)
- पूरा होने की तिथि
- रेकी मास्टर का नाम और हस्ताक्षर
- सील और स्टैम्प (वैकल्पिक, अतिरिक्त प्रामाणिकता के लिए)
- कागज की गुणवत्ता: पॉलिश उपस्थिति के लिए प्रमाणपत्रों को प्रिंट करने के लिए उच्च गुणवत्ता वाले कागज का उपयोग करें।

दो. वितरण:

- पूर्णता प्रमाणपत्र: उन छात्रों को प्रदान किया जाता है जिन्होंने सभी आवश्यकताओं को पूरा कर लिया है, जिससे उन्हें पेशेवर रूप से रेकी का अभ्यास करने की अनुमति मिलती है।

उदाहरण प्रमाणपत्र शब्दांकन

पूर्णता प्रमाणपत्र:

स्तर 1

स्तर 2

स्तर 3

अतिरिक्त टिप्स

एक. स्पष्ट संचार:

- पाठ्यक्रम शुरू होने से पहले अपने छात्रों को पूर्णता और भागीदारी प्रमाण पत्र के बीच अंतर स्पष्ट रूप से समझाएं। सुनिश्चित करें कि वे पूर्णता प्रमाणपत्र प्राप्त करने की आवश्यकताओं को समझते हैं।

दो. रिकॉर्ड रखना:

- सभी जारी किए गए प्रमाणपत्रों का सटीक रिकॉर्ड बनाए रखें, जिसमें छात्रों के नाम, तिथियां और प्रदान किए गए प्रमाणपत्रों के प्रकार शामिल हैं। यह भविष्य में जरूरत पड़ने पर क्रेडेंशियल्स को सत्यापित करने में मदद करता है।

तीन. प्रोत्साहन:

- भागीदारी प्रमाण पत्र प्राप्त करने वाले छात्रों को अपनी पढ़ाई और अभ्यास जारी रखने के लिए प्रोत्साहित करें, भविष्य में पूर्णता प्रमाण पत्र अर्जित करने की दिशा में काम करें।

इन दिशानिर्देशों का पालन करना सुनिश्चित करता है कि आपकी रेकी प्रमाणन प्रक्रिया आपके छात्रों के लिए पारदर्शी, पेशेवर और सार्थक है।

साथी पुस्तकें

मेरी पुस्तक में ऊर्जा उपचार, चक्र और रेकी के बारे में अधिक पढ़ाया जाता है

, "एक

मरहम लगाने वाले के रहस्य - रेकी का जादू (वॉल्यूम एक्स)

ट्रेड पेपरबैक आईएसबीएन: 978-1-7772220-0-0
ईबुक आईएसबीएन 978-1-7772220-1-7

और मेरी उपन्यास श्रृंखला में,
"आत्मा द्वारा दिए गए नौ आध्यात्मिक उपहार" खंड
IV श्रृंखला में, ***"एक आत्मा के चमत्कार"***

सॉफ्ट कवर आईएसबीएन: 978-1-990062-12-4 ईबुक
आईएसबीएन: 978-1-990062-13-1

Bibliography

ग्रंथ सूची

इस जानकारी में से अधिकांश पाठ्यक्रम की जानकारी से ली गई थी जब मैं कैनेडियन इंस्टीट्यूट ऑफ नेचुरल हेल्थ एंड हीलिंग मान्यता प्राप्त कॉलेज का मालिक था।

क्वांटम यूनिवर्सिटी www.quantumuniversity.com

कलाकृति - www.canva.com

संघ - https://iarp.org/history-of-Reiki/

एक सुझाई गई पठन सूची

इस पाठ्यक्रम में शामिल विषयों पर आपके सीखने को आगे बढ़ाने के लिए कई पुस्तकें उपलब्ध हैं; यहां सूचीबद्ध कुछ सुझाव दिए गए हैं:

आरोही परास्नातक

राजा, गॉडफ्रे रे

रहस्यों का अनावरण (सेंट जर्मेन श्रृंखला; खंड 1)।

1989 द मैजिक प्रेजेंस (सेंट जर्मेन सीरीज़; वॉल्यूम 2)।

सैंडवाइस, सैमुअल एच।

1975 साईं बाबा: पवित्र व्यक्ति और मनोचिकित्सक। सैन डिएगो, कैलिफोर्निया: जन्म दिवस प्रकाशन कंपनी

स्टोन, जोशुआ डेविड

1995 आरोही मास्टर्स रास्ता रोशन करते हैं। सेडोना, एरिज़ोना: लाइट टेक्नोलॉजी। प्रकाशन।

आभा और मनोमिति

ब्रेनन, बारबरा

1988 प्रकाश के हाथ: मानव ऊर्जा क्षेत्र के माध्यम से उपचार के लिए एक मार्गदर्शिका। बैंटम बुक्स।

चक्र

आर्गुलेल्स, जोस

1987 माया फैक्टर: प्रौद्योगिकी से परे पथ।

बीनफील्ड, हैरियट और कोर्नगोल्ड, एफ़्रेम

1991 चीनी चिकित्सा के लिए एक गाइड। न्यूयॉर्क: बैलेंटाइन बुक्स।

कास्टानेडा, कार्लोस

1974 शक्ति के किस्से। न्यूयॉर्क, न्यूयॉर्क: पॉकेट बुक्स

ऊर्जा उपचार

ब्रेनन, बारबरा एन

1987 प्रकाश के हाथ। न्यूयॉर्क, न्यूयॉर्क: बैंटम बुक्स।

मार्गदर्शिकाएँ

अल्टिया, रोज़मेरी

1995 ईगल और गुलाब। न्यूयॉर्क, न्यूयॉर्क: वार्नर बुक्स इंक।

एडी, बेट्टी जे।

1992 प्रकाश द्वारा गले लगाया। न्यूयॉर्क: बैंटम बुक्स।

1996 जागृत हृदय। न्यूयॉर्क, न्यूयॉर्क: पॉकेट बुक्स।

गुगेनहाइम, बिल

1995 स्वर्ग से नमस्ते। न्यूयॉर्क: बैंटम बुक्स।

वान प्राघ, जेम्स

1997 स्वर्ग से बात कर रहे हैं। न्यूयॉर्क, न्यूयॉर्क: पेंगुइन समूह

उपचार

स्टीगर, ब्रैड

1971 कहुना जादू। वेस्टचेस्टर, पेंसिल्वेनिया: व्हिटफोर्ड प्रेस।

गिएंजर, माइकल

2004 क्रिस्टल पावर, क्रिस्टल हीलिंग। लंदन, यूके: ब्लैंडफोर्ड

हे, लुईस एल।

1988 अपने शरीर को ठीक करें। कार्ल्सबैड, कैलिफोर्निया: हे हाउस, निगमित।

पेंडुलम

ग्रेव्स, टॉम

1989 पेंडुलम डाउजिंग के तत्व। शाफ्ट्सबरी, डोरसेट: एलिमेंट बुक्स।

लुबेक, वाल्टर

1998 पेंडुलम हीलिंग हैंडबुक। ट्विन लेक्स, विस्कॉन्सिन: लोटस लाइट प्रकाशन।

धर्म

बाइबिल - कई संस्करण उपलब्ध हैं।

बैगेंट, माइकल; लेह, रिचर्ड और लिंकन, हेनरी

2005 होली ब्लड, होली ग्रेल इलस्ट्रेटेड एडिशन: द सीक्रेट हिस्ट्री ऑफ जीसस, द शॉकिंग लिगेसी ऑफ द ग्रेल। डेलाकोर्टे प्रेस।

ब्राउन, डैन

2003 दा विंची कोड। न्यूयॉर्क, न्यूयॉर्क: डबलडे

गार्डनर, लॉरेंस

2002 पवित्र कंघी बनानेवाले की रेती की रेती की रक्त रेखा: यीशु की छिपी हुई विरासत का पता चला। फेयर विंड्स प्रेस।

प्रतीक

चेटविंड, टॉम

1982 प्रतीकों का शब्दकोश। लंदन, पलाडिन बुक्सः हार्पर कॉलिन्स।

ग्रीष्मकालीन वर्षा, मैरी और ग्रेस्टोन, एलेक्स

1996 स्वप्न प्रतीकों के लिए मार्गदर्शिका। चार्लोट्सविले, वर्जीनियाः हार्पर रोड्स पब्लिशिंग कंपनी।

रेकी

स्टीन, डायने

1995 आवश्यक रेकी, एक प्राचीन उपचार कला के लिए एक संपूर्ण मार्गदर्शिका। फ्रीडम, सीए, द क्रॉसिंग प्रेस इंक।

बार्नेट, लिब्बी और चेम्बर्स, मैगी

1996 रेकी एनर्जी मेडिसिन। रोचेस्टर वरमोंट, हीलिंग आर्ट्स प्रेस

रैंड विलियम ली द्वारा प्रस्तावना

1999 डॉ. मिकाओ उसुई की मूल रेकी पुस्तिका। शांगरी-ला, लोटस प्रेस

होनरवोग्ट, तन्मय

1998 रेकी की शक्ति। न्यूयॉर्क, न्यूयॉर्क, हेनरी होल्ट एंड कंपनी इंक।

सामान्य

बेकर, डॉ. रॉबर्ट ओ. और गैरी सेल्डन

1985 शरीर इलेक्ट्रिक। न्यूयॉर्कः क्विल, विलियम मोरो।

कैमरून, जूलिया

1992 कलाकार का तरीका। न्यूयॉर्क, न्यूयॉर्क: जेरेमी पी. टार्चर/पुटनम।

डेविडसन, गुस्ताव

1967 एन्जिल्स का शब्दकोश। न्यूयॉर्क, न्यूयॉर्क: द फ्री प्रेस।

इमोटो, मसारू

2004 पानी में छिपे संदेश। हिल्सबोरो, ओरेगन: बियॉन्ड वर्ड्स प्रकाशन।

क्रोगर, हन्ना

1973 पेंडुलम, बाइबिल और आपका उत्तरजीविता। हन्ना क्रोगर प्रकाशन।

मॉर्गन, मार्लो

1991 नीचे उत्परिवर्ती संदेश। न्यूयॉर्क, न्यूयॉर्क: हार्पर कॉलिन्स।

रेडफील्ड, जेम्स

1993 सेलेस्टाइन भविष्यवाणी। न्यूयॉर्क, न्यूयॉर्क: वार्नर बुक्स इंक।

वाल्श, नील डोनाल्ड

1996 भगवान के साथ बातचीत। न्यूयॉर्क, न्यूयॉर्क: जीपी पुटनम एंड संस।

पाठ्यपुस्तक

पोषण उपचार के लिए नुस्खा आईएसबीएन 7-35918-33077-1

सुझाए गए इंटरनेट संसाधन

इंटरनेट पर सचमुच लाखों साइटें हैं। आप उन साइटों की सूची प्राप्त करने के लिए "खोज" कर सकते हैं जिनमें आपके कीवर्ड शामिल हैं। केवल उनके पास जाकर ही आप यह निर्धारित कर पाएंगे कि कौन सा आपके लिए उपयोगी है। यह न भूलें कि एक साइट से, आपको अक्सर संबंधित साइटों पर निर्देशित किया जा सकता है।

इस प्रकार केवल इंटरनेट संसाधनों का एक नमूना है। आपको अपनी खोज को अपनी रुचि के विषयों तक विस्तारित करने के लिए प्रोत्साहित किया जाता है।

प्रभामंडल

http://www.bioenergyfields.org/index.asp?secid=3&subsecid=0

चक्र

https://www.curativesoul.com/Chakras#.XrBe4qhKgdU

https://www.learning-mind.com/7-Chakras-issues/

https://chopra.com/articles/what-is-a-Chakra

https://Chakrasincense.com/
https://diannetrussell.com/energy/articles-2/truth-about-colour/

विश्व धर्म

https://www.history.com/topics/religion/bible

http://www.mnsu.edu/emuseum/cultural/religion/

http://www.religion-cults.com/

http://en.wikipedia.org/wiki/Major_world_religions

- इस्लाम
  http://images.google.ca/images?svnum=10&hl=en&lr=&q=islam+symbol&btnG=Search

- ईसाई धर्म

http://images.google.ca/images?svnum=10&hl=en&lr=&q=christianity+symbol&btnG=Search

- हिंदूवाद

http://images.google.ca/images?q=Hinduism+symbol&ndsp=20&svnum=10&hl=en&lr=&start=60&sa=N

http://www.mnsu.edu/emuseum/cultural/religion/hinduism/beliefs.html

- बौद्ध धर्म

http://www.mnsu.edu/emuseum/cultural/religion/buddhism/beliefs.html

- यहूदीवाद

http://images.google.ca/images?q=judaism+symbols&ndsp=20&svnum=10&hl=en&lr=&start=40&sa=N

- पारंपरिक चीनी

http://images.google.ca/images?q=Tao+symbols&ndsp=20&svnum=10&hl=en&lr=&start=80&sa=N

- बहाई विश्वास

http://images.google.ca/images?svnum=10&hl=en&lr=&q=bahai+faith+symbol&btnG=Search

https://en.wikipedia.org/wiki/Sanskrit

https://www.ancient.eu/Sanskrit/

आरोही परास्नातक

http://www.dci.dk/en/mtrl/saibabaeng.html

http://www.srisathyasai.org.in/Pages/SriSathyaSaiBaba/Introduction.htm

http://www.greatdreams.com/masters/ascended-masters.htm

http://en.wikipedia.org/wiki/Ascended_master#Examples_of_ascended_masters

http://www.theascendedmasters.com/

http://en.wikipedia.org/wiki/Count_of_St_Germain

किर्लियन फोटोग्राफी

http://images.google.ca/images?svnum=10&hl=en&lr=&q=kirlian+photography&btnG=Search

विविध जानकारी

http://www.zeitgeistmovie.com/Zietgeist

https://www.goodreads.com/book/similar/130686-the-holy-blood-and-the-holy-grail

ट्यूनिंग कांटे

www.Luminati.com
www.somaenergetics.com
https://www.allbodycare.com/tuning-fork-therapy-sound-healing/
https://medium.com/meducated-org/how-to-heal-your-body-by-using-the-frequency-of-life-9307af550fbb

सुझाए गए वीडियो संसाधन

फिल्म उद्योग ने आध्यात्मिक मान्यताओं और घटनाओं को दर्शाने वाली कई फिल्में जारी की हैं; बस कुछ यहां सूचीबद्ध हैं। जबकि वे काल्पनिक हैं, वे इस पाठ्यक्रम में संबोधित विषयों की आपकी समझ में सुधार कर सकते हैं।

1999 क्या सपने आ सकते हैं विन्सेंट वार्ड द्वारा निर्देशित

1999 छठी इंद्रिय एम. नाइट श्यामलन द्वारा निर्देशित

1999 मैट्रिक्स एंडी वाचोव्स्की और लैरी वाचोव्स्की द्वारा निर्देशित

1999 नौवां द्वार रोमन पोलांस्की द्वारा निर्देशित

1999 पैच एडम्स टॉम शैडैक द्वारा निर्देशित

1996 माइकल नोरा एफ्रॉन द्वारा निर्देशित

1996 घटना जॉन टर्टलटॉब द्वारा निर्देशित

1991 कलंक रूपर्ट वेनराइट द्वारा निर्देशित

1990 भूत जेरी जुकर द्वारा निर्देशित

लेखक का संदेश

आज तक, रेकी अभी भी मुझे रहस्यमय बनाती है। मैं इस जीवन-शक्ति ऊर्जा की शक्ति से हर दिन विस्मय में रहता हूं। शक्तिशाली, फिर भी इतना कोमल!

पुरानी कहावत, 'चमत्कार मुझे विस्मित करना कभी बंद नहीं करते,' *जिसका अर्थ है कि जब कुछ असामान्य या अप्रत्याशित होता है तो आश्चर्य की अभिव्यक्ति का उपयोग किया जाता है, वास्तव* में इस तौर-तरीके के लिए उपयुक्त है। आप उन चमत्कारों से कभी नहीं थकेंगे जिन्हें आप देखेंगे।

शिफ्ट होता है... जादू पैदा करें!
डॉ. कॉन्स्टेंस

बड़ा सपना!

डॉ. कॉन्स्टेंस सैंटेगो समग्र स्वास्थ्य और आध्यात्मिक उपचार के क्षेत्र में एक उच्च सम्मानित विशेषज्ञ हैं।

वह एक ग्रैंड रेकी मास्टर खिताब रखती है और इन विषयों पर पाठ्यक्रम पढ़ाने के बीस से अधिक वर्षों के अनुभव के साथ, समग्र कल्याण प्राप्त करने में मन, शरीर और आत्मा के अंतर्संबंध की गहरी समझ विकसित की है।

डॉ. सैंटेगो के पास प्राकृतिक चिकित्सा में पीएचडी और डॉक्टरेट है, जिसने उन्हें वैकल्पिक उपचार पद्धतियों और इष्टतम स्वास्थ्य को बढ़ावा देने में उनके अनुप्रयोग की व्यापक समझ प्रदान की है। उसकी शैक्षिक पृष्ठभूमि ने उसे किसी व्यक्ति की भलाई के शारीरिक, भावनात्मक और आध्यात्मिक पहलुओं पर विचार करते हुए, स्वास्थ्य संबंधी चिंताओं को समग्र रूप से संबोधित करने के ज्ञान से सुसज्जित किया है।

अपने पूरे करियर के दौरान, डॉ. सैंटेगो अपने ज्ञान को साझा करने और दूसरों को अपने स्वास्थ्य और उपचार पर नियंत्रण रखने के लिए सशक्त बनाने के लिए प्रतिबद्ध रही हैं। वह विशिष्ट रूप से वैज्ञानिक अनुसंधान और पारंपरिक ज्ञान का मिश्रण कर सकती है, जिससे पारंपरिक और वैकल्पिक चिकित्सा के बीच एक पुल बन सकता है।

अपनी "सीक्रेट्स ऑफ ए हीलर" शैक्षिक श्रृंखला में, डॉ. सैंटेगो अपनी अंतर्दृष्टि और शिक्षाओं से पाठकों को मंत्रमुग्ध करने के लिए अपने विशाल अनुभव और विशेषज्ञता का उपयोग करती हैं। वह पाठकों को एक परिवर्तनकारी यात्रा पर ले जाती है, समग्र स्वास्थ्य, आध्यात्मिकता और आत्म-खोज के क्षेत्र में गहराई से उतरती है। अपने लेखन के माध्यम से, उनका लक्ष्य व्यक्तियों को अपनी सहज उपचार क्षमताओं का लाभ उठाने और कल्याण के लिए एक संतुलित और सामंजस्यपूर्ण दृष्टिकोण अपनाने के लिए प्रेरित करना है।

डॉ. सैंटेगो के काम ने कई लोगों के जीवन को छुआ है, उन्हें अपने बारे में और अपने आसपास की दुनिया से उनके संबंध की अधिक गहन समझ की ओर मार्गदर्शन

किया है। उनकी श्रृंखला ज्ञान की किरण है, जो व्यक्तिगत विकास और परिवर्तन के लिए व्यावहारिक उपकरण और तकनीक प्रदान करती है।

कुल मिलाकर, डॉ. कॉन्स्टेंस सैंटेगो के ज्ञान, अनुभव और जुनून का मिश्रण उन्हें समग्र स्वास्थ्य और आध्यात्मिक उपचार में एक मनोरम व्यक्ति बनाता है। शिक्षण, लेखन और उनकी मंत्रमुग्ध कर देने वाली श्रृंखला के माध्यम से उनका योगदान व्यक्तियों को कल्याण और आत्म-खोज की दिशा में उनकी यात्रा पर प्रेरित और सशक्त बनाना जारी रखता है।

यह भी उपलब्ध है

खेल *खेलें Ikona* - अपने भीतर के जिन्न की खोज करें

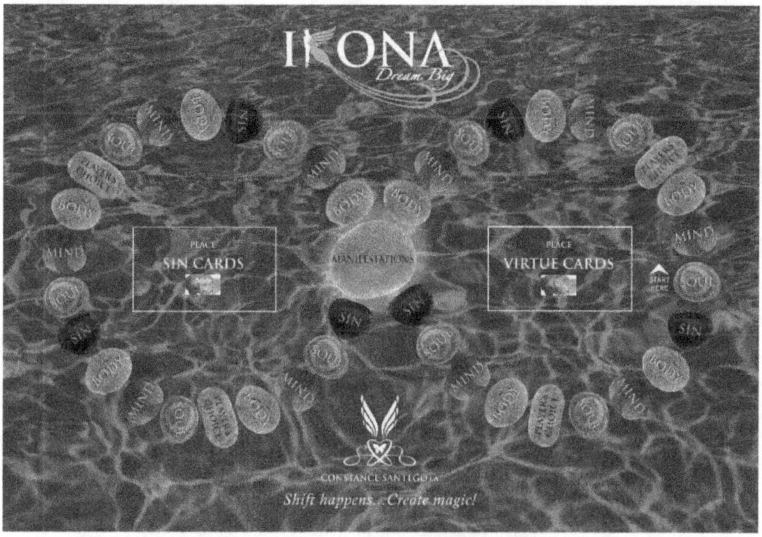

पर अतिरिक्त जानकारी के लिए

कॉन्स्टेंस सैंटेगो का

प्रेरक उत्पादों, कोचिंग सत्रों, आध्यात्मिक रिट्रीट, लाइव घटनाओं और शैक्षिक कार्यक्रमों की विस्तृत श्रृंखला

यहाँ जाओ

www.ConstanceSantego.ca

इंस्टाग्राम पर फॉलो करें - Constance_Santego और फेसबुक - कॉन्स्टेंसएंटेगू

सदस्यता लें और मेरे YouTube चैनल पर मुफ्त जानकारी और ध्यान प्राप्त करें - कॉन्स्टेंस सैंटेगो

www.ingramcontent.com/pod-product-compliance
Lightning Source LLC
LaVergne TN
LVHW011012061026
849535LV00006B/1839